STREIFZÜGE DURCH
DAS LAND FONTANES
ZU KIRCHEN IN DER MARK BRANDENBURG

JOHANN HINRICH CLAUSSEN
UND KLAUS-MARTIN BRESGOTT

Jürgen Schütz, 12/ 2019

„ES FALLEN DEINE SORGEN
WIE NEBEL VON DIR AB"

EIN WANDER-, LESE- UND BILDERBUCH
ZU KIRCHEN IM RUPPINER LAND,
IM HAVELLAND UND IM ODERBRUCH

**Herr von Ribbeck auf Ribbeck im Havelland,
ein Birnbaum ...**

Gehören auch Sie zu denjenigen, die einige Zeilen aus Theodor Fontanes Gedicht vom freigiebigen Herrn von Ribbeck noch Jahrzehnte nach Abschluss der Schulzeit spontan rezitieren können? In diesem Buch begegnen Sie jedoch einem anderen Fontane, dem Journalisten und historisch Interessierten, der sein Land bereiste, mit vielen Menschen sprach und schließlich in fünf Büchern Geschichten aus und von der Mark veröffentlichte.

Fontane wollte die Dimension Geschichte greifbar machen, Orte und Namen, die sich damit verbinden, festhalten, erinnerungsfähig machen. Der Lauf der Geschichte gab ihm mehr als Recht. So entnehmen wir seinen Wanderungen auch Hinweise auf Orte, Kirchen und Schlösser, die er noch mit Leben erfüllt sah, die aber heute verfallen oder ganz verloren sind. Insofern ist Fontane auch eine Quelle, selbst wenn er als Erzähler manchmal Geschichte und Geschichten recht freimütig verbindet.

Johann Hinrich Claussen und Klaus-Martin Bresgott begeben sich mit diesem Buch auf Fontanes Wege und finden ganz nach Fontanes Art neue Geschichten, die sie seinen Eindrücken gegenüberstellen.

Schmunzeln musste ich bei Fontanes Beschreibung des Streits um die Sanierung der Kirche in Gransee vor 300 Jahren! Diese Episode zeigt uns: Immer wieder brauchen Denkmale „Zuwendung" und zwar in den beiden Bedeutungen des Wortes: Menschen, die sich mit persönlichem Engagement für das Denk-

mal einsetzen und solche, die finanziell zum Erhalt beitragen. In diesem Sinne möchte ich den beiden Autoren sowie allen, die helfen, unser kulturelles Gedächtnis zu bewahren, herzlich danken.

Damit Sie über das Vergnügen an diesem Buch hinaus wie Fontane „ganz nach Lust und Laune" selbst erkunden können, was uns historische Orte und ihre Menschen zu erzählen haben, finden Sie im Serviceteil am Ende des Buches Öffnungszeiten der vorgestellten Kirchen und weitere Denkmale, deren Restaurierung die Deutsche Stiftung Denkmalschutz dank ihrer engagierten Förderer unterstützen konnte.

Ich wünsche Ihnen viel Freude bei der Lektüre!

Dr. Steffen Skudelny
Vorstand Deutsche Stiftung Denkmalschutz

Inhaltsverzeichnis

**Titelbild: Fontane-Denkmal in Neuruppin. Mit Hut, Stock
und Mantel verwies der Bildhauer Max Wiese 1907
auf Fontanes Wanderungen durch die Mark Brandenburg**

**Rückseite: Dorfkirche in Paretz
Frontispiz: Klosterruine Lindow**

WIDMUNG

All denen, die es sich zur Lebensaufgabe gemacht haben, die Kirche ihrer Stadt oder ihres Dorfes vor dem Verfall zu retten, dauerhaft zu erhalten, zu erforschen, mit geistlichen und kulturellen Inhalten zu füllen, ihre Geschichte zu erzählen und für Gäste zu öffnen.

FONTANE – DER LANDSCHREIBER
Vorwort der Autoren

Stadt-Schreiber gibt es viele, Land-Schreiber nur wenige. Eine lange Reihe hochberühmter Schriftsteller lässt sich aufzählen, die mit den Städten, in denen und über die sie ihre Bücher verfasst haben, untrennbar verbunden sind. London, Paris, New York, St. Petersburg, Moskau, Rom oder Dublin haben ihre Hausautoren. Deutlich weniger Schriftsteller sind mit einer ländlichen Region verschmolzen. Theodor Fontane ist auch deshalb ein so einmaliger Künstler, weil er beides zugleich gewesen ist: ein Stadt- und ein Land-Schreiber. Das literarische Berlin wäre ohne ihn nicht zu denken. Ebenso wichtig ist seine Erzählkunst für die Grafschaft Ruppin, das Oder-, Havel- oder Spreeland. Diese Landstriche um Berlin herum waren nie nur „Sandbüchsen", sondern immer auch kulturelle Schatzkisten. Fontanes unverwüstlichen „Wanderungen durch die Mark Brandenburg" ist es zu verdanken, dass dies allgemein anerkannt ist. Ihre fünf großen Bände, zwischen 1862 und 1889 erschienen, waren und bleiben ein wunderbarer Türöffner für das immer noch sehr lebendige Kulturland Brandenburg.

Dieses Buch lässt sich von Fontane zu Kirchen der Mark Brandenburg, ihren Städten und Dörfern führen und will Lust machen, ihm heute hinterher zu reisen. Es ist kein Kirchenführer herkömmlicher Art. Auf drei Routen besucht es jeweils vier Kirchen und die Menschen, die sie öffnen. Dabei erinnert es daran, was Fontane damals über sie zu berichten wusste, macht sich aber auch – in der Nachfolge dieses großen Journalisten und Erzählers – selbst auf die Suche nach neueren Geschichten, die es wert sind, erzählt zu werden, weil sie das Leben dieser Kirchen jetzt bestimmen. Hinzu kommen kunsthistorische Informationen, Fotografien und zwei zusätzliche Essays über Fontane und seine Pastorenfiguren sowie seinen Blick auf die Kunst. Bei aller Kritik an der realexistierenden Kirche seiner Zeit hatte Fontane ein waches Bewusstsein dafür, dass die Dörfer und Städte der Mark Brandenburg ohne ihre Kirchen nicht zu denken wären. Deshalb ist es so beglückend und bewundernswert, dass sehr viele von ihnen durch Fördereinrichtungen wie die Deutsche Stiftung Denkmalschutz, die öffentliche Hand, großzügige Spender und engagierte Menschen vor dem Verfall gerettet werden konnten und auch heute mit Leben erfüllt sind. Es lohnt sich, dies selbst in Augenschein zu nehmen und sich mit Auto, Fahrrad oder zu Fuß auf Fontanes Spuren zu den hier ausgewählten (und dann den vielen anderen) Kirchen Brandenburgs aufzumachen. Es lässt sich kaum eine andere Art des Reisens denken, die so anregend und erholsam, entspannend wie bewegend wäre.

Klaus-Martin Bresgott
und Johann Hinrich Claussen

im 200. Geburtstagsjahr
von Theodor Fontane

P.S.: Kirchen können nicht immer offen gehalten werden. Deshalb ist es sinnvoll, sich vorher bei den jeweiligen Kirchengemeinden anzumelden. Das hat den Vorteil, dass diese eine Kirchen- oder eine Gästeführerin empfehlen können, die viel über die Geschichte und Gegenwart ihrer Kirchen zu erzählen haben.

Geschichte und Gedenken in einem – Epitaphien haben in beinahe allen Kirchen der Mark ein Zuhause, wissen ganz Konkretes über ihre Stifter und erzählen viel über das Kunst- und Gedenkverständnis der Zeit hier in St. Laurentius Rheinsberg

IM RUPPINER LAND

„Was unser Interesse weckt, ist die poetische, beinahe
absolute Stille, die ihren Zauberkreis um dies Stück Erde zieht."
Theodor Fontane

Die Legende von der Maus
St. Trinitatis zu Neuruppin und ihre Geschichten

Es ist eine eigene Kunst, auf interessante Geschichten zu stoßen. Fontane war nicht nur ein großer Geschichtenerzähler und -erfinder, sondern auch ein begnadeter Geschichtenfinder. Auf seinen „Wanderungen" führte ihn sein journalistischer Spürsinn, seine unersättliche Neugier zu Geschichten, die zu erzählen sich lohnte. Ob sie auch der historischen Wahrheit entsprachen, war dabei nicht immer so entscheidend. Legenden und Märchen enthalten eigene Wahrheiten und können einen Blick auf ihre Heimat eröffnen, der einem gewissenhaften Historiker verschlossen bliebe.

Über die größte Kirche seiner Heimatstadt wusste Fontane einiges zu erzählen. Denn die ehemalige Klosterkirche der Dominikaner, die heute St. Trinitatis heißt, ist ein Haus der Geschichten. Die immer noch beliebteste spielt in der Zeit der Reformation und geht so: „Wenige Tage nachdem die Kirche, 1564, dem lutherischen Gottesdienst übergeben worden war, schritten zwei befreundete Geistliche, von denen einer noch zum Kloster hielt, durch das Mittelschiff und disputierten über die Frage des Tages: ‚Eher wird eine Maus eine Ratte hier über die Wölbung jagen,' rief der Dominikaner, ‚als dass diese Kirche lutherisch bleibt.' Dem Lutheraner wurde jede Antwort hierauf erspart; er zeigte nur an die Decke, wo sich das Wunder eben vollzog." Eine freundlich-humorvolle Malerhand hat die Legende von der kleinen Maus und der massigen Ratte auf eine Rippe des Gewölbes gemalt, und Kirchenhüter bieten dem Besucher einen Spiegel an, damit er sich auf der Suche nach den streitenden Nagetieren nicht den Hals verrenkt.

Blick durch die schwere Stadtmauer: stolz erhebt sich die ehemalige Dominikanerklosterkirche St. Trinitatis

Bewahrt eine besondere Geschichte: das Gewölbe der Dominikanerklosterkirche St. Trinitatis

Zugegeben, sehr tiefsinnig ist diese Legende nicht. Immerhin zeigt sie, wie unwahrscheinlich die Geschichte der Reformation auch in Brandenburg war.

Gehaltvoller sind die Geschichten über Wichmann von Arnstein, den Dominikaner-Mönch, der für die Geschichte von Neuruppin um einiges bedeutsamer ist als der heute so viel berühmtere Fontane, der in dieser Stadt nur geboren wurde. Leider findet sich über Wichmann in den „Wanderungen" nichts. Er muss ein hochbegabter Mann gewesen sein, ein zupackender Kirchenorganisator und zugleich ein feinsinniger Theologe. Er gründete das Dominikanerkloster und war sein erster Prior. In der ersten Hälfte des 13. Jahrhunderts baute er den ersten Teil der heutigen Kirche, den Chor. Ohne ihn gäbe es das heutige Neuruppin nicht. Ein Höhepunkt seines Dienstes war der Gesamtkonvent der Dominikaner, der 1290 in der damals noch winzigen Stadt im wilden Osten stattfand. Bedeutsamere Konferenzen hat es seither hier nicht gegeben. Doch auch wenn Wichmann einen steilen Aufstieg nahm, war er kein Karrierist, sondern ein Mystiker, der eine ebenso innige wie freie Frömmigkeit pflegte. Mit der großen Mystikerin Mechthild von Magdeburg stand er in enger Verbindung, vielleicht war er sogar ihr Beichtvater. Im Altarraum der Kirche findet man heute ein Reliefporträt aus dem 14. Jahrhundert. Es zeigt einen anonymen Dominika-

ner. Aber wer mag, darf in ihm Wichmann wiedererkennen.

Wer wissen will, wie die Neuruppiner über Wichmann gedacht haben, sollte sich den Legenden über ihn zuwenden. Eine erzählt davon, wie er als alter Mann einmal um den Ruppiner See wanderte. Er hatte auf der anderen Seite Geschäfte zu besorgen. Als er schon sehr erschöpft und hungrig war, hörte er über den See das Läuten der Klosterglocke, die zum Mittagessen rief. Da er sich den Marsch um den See herum nicht mehr zutraute, machte er es seinem ewigen Herrn nach und nahm eine wundersame Abkürzung: Er ging einfach über das Wasser nach Hause und kam eine Stunde vor seinen Reisegefährten an.

13

Biblische Geschichte im farbigen Wechsel des Lichts: der Blick in die bunt erzählenden Chorfenster der Klosterkirche

Eine andere Legende handelt ebenfalls vom Hunger. Einmal kamen so viele Mönche im Kloster zusammen, dass die Vorräte der Küche nicht ausreichten. Da schickte Wichmann einen der Brüder ans Seeufer: Er solle den Fischen zurufen, dass bitte einer von ihnen schnell herauskäme. Gesagt, getan, und sogleich schwamm ein mächtiger Wels freiwillig ans Ufer, um sich bald darauf verspeisen zu lassen. Diese und weitere Wichmann-Legenden sind nicht eben von mystischem Tiefsinn geprägt oder theologisch gehaltvoll. Was Wichmann selbst von ihnen wohl gehalten hätte? Vielleicht hätte er geschmunzelt, sicher aber hätte er in ihnen die Zuneigung und Dankbarkeit der einfachen Leute von Neuruppin zu ihrem Gründungsprior gespürt.

Von all dem findet man bei Fontane leider nichts. Dafür erzählt er im Neuruppin-Kapitel seiner „Wanderungen" eine ganz andere Theologengeschichte. Sie ist ebenso interessant, allerdings deutlich komplizierter und viel weniger erbaulich. Andreas Fromm muss der gelehrteste Mann gewesen sein, den das Ruppiner Land hervorgebracht hat. Auch wenn ihn heute niemand mehr kennt, gibt seine Geschichte immer noch zu denken. 1615, also gut 100 Jahre nach Luthers Thesenanschlag, wurde er geboren. Nach dem Studium der lutherischen Theologie stieg er rasch auf und wurde Propst in Berlin. Dabei „erwies er sich, mehr als den Eiferern hüben und drüben lieb war, als ein Mann des Friedens, der Versöhnung und des schönen Maßes, dem es am Herzen lag, das echt biblische Christentum an die Stelle des schroff-lutherischen und schroff-calvinistischen zu setzen." Die erbitterten Streitigkeiten dieser beiden protestanti-

schen Parteien untereinander sollten ihn so zermürben, dass er sich nach einem langen, unglückseligen Hin-und-Her zu einem unerhörten Schritt entschloss. Er floh 1668, also mit 43 Jahren und 20 Jahre nach dem Ende des großen europäischen Religionskriegs, nach Prag. Dort „legte er in einer Kirche der Jesuiten das katholische Glaubensbekenntnis ab. Nicht lang darauf wurd' er zum Priester geweiht." Was für ein Skandal muss dies damals gewesen sein! Doch Fontane urteilt so: „Er war einfach ein Mann, der in einer kirchlichen Zeit, die durchaus ein ‚Entweder-Oder' verlangte, sich mit Wärme für ein ‚Weder-Noch' entschied. Er war ein feinfühliger Mann, dem alles Gröbliche und Rücksichtslose widerstrebte. Es gebrach ihm an dogmatischer Strenge, das wird zuzugeben sein, aber er hatte die schönsten Seiten des Christentums: die Liebe und die Freiheit."

Die Reformation also hat nicht allen gut getan. Für die Klosterkirche brachte sie erhebliche Veränderungen. Diese verlor ihre ursprüngliche Bedeutung, denn das Kloster wurde aufgelöst, die Kirche wurde der Stadt übergeben und zur Gemeindekirche. Ein großes Glück war es, dass der verheerende Stadtbrand von 1787 sie verschonte, aber in der Folge des Napoleonischen Krieges verfiel sie zusehends. Da sich die Stadtgemeinde in der neueren Marienkirche zum Gottesdienst versammelte, kam die bittere Frage, was aus ihr

Eine Mutter-Kind-Erzählung in sechs Bildern: das Altarretabel der Klosterkirche mit Szenen aus dem Leben Jesu, zentral die Marienkrönung

werden sollte. Es war eine besondere Fügung, dass ein anderer bedeutender Sohn der Stadt sich ihrer annahm. Karl Friedrich Schinkel kam 1781 in Neuruppin zur Welt. Sein Vater wirkte hier als Superintendent, starb aber früh. Gemeinsam mit seiner Mutter siedelte der sechsjährige Karl Friedrich ins hiesige Predigerwitwenhaus, wo er bis zu seinem 14. Lebensjahr blieb. Als erwachsener Mann kehrte er im königlichen Auftrag zurück, um von 1836 bis 1841 die Kirche zu restaurieren. Schinkel war ein Genie des Ausgleichs, ein Künstler „des Friedens, der Versöhnung und des schönen Maßes". Anders als die doktrinä-

ren Rechthaber der Reformationszeit und vieler folgender Epochen, verweigerte er sich der aggressiven Gegenüberstellung von Altem und Neuem, sondern suchte stattdessen im Alten das Neue und umgekehrt. Die gotische Klosterkirche war für ihn kein lästiges und düsteres Relikt der mittelalterlichen Papstkirche, sondern ein romantischer Schatz, den es architektonisch zu heben galt. Sensibel führte er die Kirche auf ihre Grundstruktur zurück und gab ihr dadurch eine helle, klare Gestalt, die erhaben wirkt, ohne autoritär oder übermächtig daherzukommen. Wie fein Schinkel das Traditionelle in die neue Zeit zu führen

Ganz nahe an der Wirklichkeit: auch bei Jesu Geburt darf eine Hebamme nicht fehlen

O Traurigkeit,
O Herzeleid: Maria
in der Beweinung
ihres Sohnes in der
Darstellung als Pietá

verstand, zeigt besonders das Altarbild. Es ist ein Sandsteinretabel aus dem Ende des 14. Jahrhunderts, das in fast kindlicher Weise die wichtigsten Stationen der Geschichte Jesu vorstellt. Am anrührendsten ist die Weihnachtsszene unten rechts. Es dürfte eines der ganz wenigen, vielleicht sogar das einzige Bild sein, auf dem die junge Mutter Maria von einer Hebamme unterstützt wird. Schinkel hat dieses mittelalterliche Altarbild mit einem neugotischen Rahmen versehen und so in seine eigene Gegenwart gestellt.

Wie nah einem das Uralte kommen kann, lässt sich in dieser Kirche noch vor einem an-

deren Bild erfahren. Rechts vor dem Chorraum steht eine „Pieta" aus dem frühen 15. Jahrhundert. Sie zeigt, durchaus realistisch, Maria als eine ältere Frau, die ihren toten Sohn, einen erwachsenen Mann, auf dem Schoß hält. Sicher und zart wirkt ihr Griff. Sie hält ihren Sohn fest und zugleich ein Stück von sich entfernt. So kann sie ihn ein letztes Mal genau betrachten. Ihr Blick wirkt ernst und weich, so als hätte sie all ihre Tränen schon ausgeweint. Ungeschönte Traurigkeit steht hier vor einem, aber vielleicht auch ein geheimer Trost: Die Liebe lebt und übersteigt die Grenzen der Zeiten.

ZUM KIRCHENBAU
St. Trinitatis in Neuruppin

Die Pfarrkirche St. Trinitatis ist in ihrer Form einer der spannendsten Backsteinbauten der Mark. Bis 1564 fungierte sie als Klosterkirche der Dominikaner, die sie 1246 als erste Kirche ihres Ordens östlich der Elbe einweihten. Zu dieser Zeit stand allerdings zunächst nur der Chor. Schiff und Türme wurden teilweise sehr viel später errichtet. Die heutige Kirche, die im Nachklang der Reformation 1564 ihren heutigen Namen erhielt, ist eine dreischiffige, kreuzrippengewölbte und über fünf Joche sich erstreckende Halle, deren Mittelschiff in den vierjochigen, gestreckten Chor übergeht. Dieser endet in einem kunstvollen 7/12-Schluss. Die Sieben ist eine der heiligen Zahlen der Bibel – sie steht nicht nur für die sieben Bitten des Vaterunsers, die sieben letzten Worte Jesu am Kreuz, die sieben Wochentage und Töne der Tonleiter, sondern auch für die Verbindung Gottes in der Trinität mit der Welt und deren Elementen, Himmelsrichtungen und Jahreszeiten.

Die den Choransatz flankierenden Türme sind neogotisch und wurden 1905–1908 nach Plänen des Königlichen Baurats Ludwig Dihm (1849–1928) errichtet. Langhaus und Chor sind von Strebepfeilern umstellt. Das Portal in der Nordwand hat einen steilen Wimperg mit einem Rosettenfenster, dessen Maßwerk-Entwurf von Neuruppins berühmtesten Sohn Karl Friedrich Schinkel (1781–1841) stammt. Ihm verdankt die Kirche auch ihre Ausmalung, die von der umfassenden Renovierung bis 1841 stammt. Das kleinere, ebenfalls in der Nordwand befindliche Portal ist älter, hat ein gestuftes Gewände mit Säulen und Rundstäben in den Archivolten.

Die ausgreifende Länge des Kirchenschiffes wird durch die queroblongen Joche ästhetisch überzeugend abgefangen. Die Joche der sehr schmalen Seitenschiffe sind längsoblong. Im Inneren befinden sich anspruchsvolle Steinskulpturen wie die des ersten Priors und Klostergründers Wichmann von Arnstein (um 1185–1270) und ein großes, aus Sandstein gefertigtes, zweizoniges Altarretabel aus böhmischer Schule mit der Darstellung der Marienkrönung, Christi im Tempel und der Auferste-

Der Blick zurück: das hell durchlichtete Kirchenschiff der Klosterkirche mit der rückwärtig eingebauten Winterkirche für die ganzjährige Nutzung

hung, darunter der Kreuzigung, der Anbetung der heiligen drei Könige und schließlich der Geburt, unter dem selten dargestellten Beistand einer Hebamme. Die Reliefs ähneln stark denen des Lettners im west-südwestlich gelegenen Dom St. Marien der Hansestadt Havelberg an der Elbe.

Auffällig ist auch ein überlebensgroßes Kruzifix aus der Zeit um 1500 und zwei Gemälde der neueren Zeit – das Gleichnis vom verlorenen Sohn (1754) des Berliner Malers Christian Bernhard Rode (1725–1797) und eine Fußwaschung (1853) des wie Schinkel und Fontane aus Neuruppin stammenden Malers Wilhelm Gentz (1822–1890). Ebenso wie Friedrich Schinkel hat Fontane auch ihm in den Wanderungen ein eigenes ehrendes und erinnerndes Kapitel gewidmet. Seit 1983 hat die Kirche eine Orgel der Firma Wilhelm Sauer aus Frankfurt an der Oder.

Ein ehrbarer Patron

St. Laurentius und das Prinzenschloss von Rheinsberg

Was früher als das Selbstverständlichste von der Welt galt, erscheint heute oft als das Allerfremdeste: zum Beispiel die innige Verbindung von Staat und Kirche. Dass Thron und Altar eine fast natürliche Einheit bildeten, löst heute nur Befremden aus. Deshalb wird darüber aus der Perspektive der Gegenwart häufig schnell und hart geurteilt. Das ist nicht immer fair. Es waren eben andere Zeiten. Schaut man zudem genauer hin, erkennt man, dass diese „heilige Allianz" unterschiedlich ausfallen konnte. Es lohnt sich, dies an einem konkreten Beispiel zu untersuchen, etwa indem man im schönen Rheinsberg das Verhältnis der beiden bekanntesten Gebäude bedenkt: Kirche und Schloss.

Die Kirche war zuerst da. Vom ursprünglichen Bau aus dem 13. Jahrhundert sind einige Reste erhalten und zum Beispiel in der alten Sakristei zu besichtigen. Es war eine schlichte gotische Feldsteinkirche. Die Reformation und ein Stadtbrand im Jahr 1566 machten es nötig, dass sie von Grund auf neu gestaltet wurde – auch nach radikal veränderten religi-

In der vertrauten Sandfarbe der Mark: die Stadtkirche St. Laurentius vis-à-vis des Schlosses

Schloss Rheinsberg: Refugium des jungen Prinzen und später legendären großen preußischen Königs Friedrichs II., des alten Fritz´ – und Ort zarter Verliebtheit in der Erzählung „Rheinsberg: Ein Bilderbuch für Verliebte" von Kurt Tucholsky

onspolitischen Maßgaben. Es war Achim von Bredow, der diese Gelegenheit zu nutzen wusste. Er musste auf den Resten des Vorgängerbaus eine neue Kirche bauen. Dazu hatte er die theologischen Kriterien der Reformation zu beachten und einen evangelischen Gottesdienstraum zu schaffen. Zugleich musste er seiner eigenen Stellung Ausdruck verleihen. Wie viele Landadlige hatte er von der Reformation profitiert. Die geistliche Obrigkeit war abgesetzt, ihre Güter waren eingezogen, nun trug er die Verantwortung für das Gemeinwesen und die Kirche. Jetzt war er der Patron. Das sollte im Neubau selbstverständlich sichtbar werden. Es war unvermeidlich, ja notwendig, dass die Kirche in Rheinsberg ein Denkmal seiner Macht wurde.

Die neue Kirche setzt sich aus zwei Räumen zusammen: vorn ein hochherrschaftlicher Chor mit vier mächtigen Säulen, der durch einen breiten Triumphbogen von dem bescheideneren Gemeinderaum mit seinen Emporen getrennt ist – oder soll man sagen: mit ihm verbunden ist? Der Eingriff in die alte Architektur war erheblich und versuchte, die urtümliche Gotik mit den Mitteln der Renaissance zu überwinden. Alles sollte klarer, leichter und lichter wirken. Das gelang, man kann es heute sehen: Renaissance und Reformation müssen keine Gegensätze sein.

Zugleich war die Kirche ein Macht-Raum. Auch das erkennt man schnell. Oben an den korinthischen Säulen des Chores prangt das Wappen der Bredows, ebenso am Taufstein und an der Kanzel. Im Wappen findet sich das

Sucht in der Mark seinesgleichen: ein Altarretabel der Renaissance mit von Säulen umstandener Kreuzigungsgruppe, in der Predella das Abendmahl

Zwei Orgeln unter einem Dach: schwesterngleich stehen
rückseitig zwei Instrumente auf der Empore, die vielstimmig
das Soli Deo Gloria erklingen lassen

Bild einer Leiter, wie man sie zur Eroberung fremder Burgen brauchte. Die Bredows waren ursprünglich eben Raubritter gewesen. Doch Achim von Bredow war kein Götz von Berlichingen, sondern ein frommer und mündiger Protestant. Von der erstaunlichen Qualität seines theologischen Urteilsvermögens zeugt der Altar aus dem Jahr 1576. Über der Darstellung der Kreuzigung Jesu in der Mitte hatte er ein selbstformuliertes Glaubensbekenntnis anzubringen gewagt. Die entscheidende Passage lautet: „Ich glaube, daß Jesus Christus, wahrer Gott, zu Meiner und aller gleubigen seelen seligkeyt auch wahrer Mensch geboren und getauft, gekreuziget, gestorben, begraben, zur hell gefaren, vom Todt erstanden, gen himell gefarenn, sey mein heylandt und dis sein werck, mein einziges werck zur seligkeit im glauben. Daher ich meinem Nehesten wieberumb aus christlicher lieb, Gotte zu gehorsam in seinem wortt, schuldigk bin, gutte christliche werck zu beweisen, darauff ich lebe und sterbe und eine fröhliche aufferstehung sampt aller gleubigen wartt."

Diesen altertümlich daherkommenden Sätzen gelingt, was viele evangelische Theologen damals nicht geschafft haben. Sie schlichten einen Streit, der das junge Luthertum fast zerrissen hätte. Auf der einen Seite standen diejenigen, die Luthers Rechtfertigungslehre verschärften: Ganz allein der Glaube rette den Menschen, von guten Taten dürfe überhaupt keine Rede sein.

Die andere Seite, zu der etwa Melanchthon gehörte, wandte ein: Der christliche Glaube könne nur lebendig sein, wenn er in die Nächstenliebe führe. Bredow versöhnte beide Positionen: Die Seligkeit der Seele schenke lediglich der Glaube an Christus, die Liebe aber führe den Christen selbstverständlich zu seinem Nächsten und dessen Not. Ein Streit zwischen Erlösungslehre und Moral erscheint da ganz künstlich und nur schädlich. So bewies Bredow in seinem Credo eine Weisheit, die den rechthaberischen Theologieprofessoren in Wittenberg oder Leipzig fehlte. Allerdings hatte sein Glaubensbekenntnis auch eine politische Bedeutung und praktische Konsequenz:

Auf dem Altar angebracht, war es für seine Untertanen verpflichtend.

Hat man das Glaubensbekenntnis gelesen, sollte man den Blick nach unten zur Predella, dem Sockelgemälde des Altars, wenden. Auch hier lässt sich eine erstaunlich reife Laientheologie entdecken. Das Bild zeigt das letzte Abendmahl. Aber es ist weniger ein feierliches Essen als eine überhitzte Disputation. Denn es sitzen nicht nur Jünger am Tisch, sondern auch Humanisten und Reformatoren. Hoch geht es her. Doch Jesus schlichtet den Streit. Er weist den aufbrausenden Luther zurück, damit Melanchthon ausreden kann. Bredow selbst sitzt dabei und schaut aus der zweiten Reihe zu. Wahrscheinlich wartet er darauf, dass Jesus das Theologengezänk beendet, um endlich Brot und Wein austeilen zu können. So ist der Bredowsche Altar ein Beleg dafür, dass es zumindest manchmal sinnvoller ist, wenn die weltliche Obrigkeit sich um den Glauben kümmert, als wenn dies allein den Theologen überlassen wird.

Leider hat Fontane nichts zu diesem Altar geschrieben, obwohl er durchaus nach seinem religiösen Geschmack gewesen sein dürfte. Mehr hat er sich für „das kunstvoll gearbeitete Grabmonument" Achim von Bredows interessiert, seiner Meinung nach „die Hauptsehenswürdigkeit" der Kirche. Es ist „ein Denkmal von ganz ungewöhnlichen Dimensionen". Lebensgroß sind Bredow und seine Frau Anna von Arnim darauf porträtiert. Auch hier findet sich eine längere Aufschrift, die man als frommes Bekenntnis lesen kann, obwohl sie Teil einer religionspolitischen Repräsentation des Patrons – diesmal sogar über den Tod hinaus – ist:

„O frommer Christ, urtheile mild,
Der du anschaust dieses Bild.
Fragst du, wer ich sei im Grab?
Gewesen bin ich und ist Jtzt ab;
Verfolgung, Sorge, Kreuz ohn' Zahl,
Die mir begegnet überall.
Ich ritterlich überwunden hab'
Und ruhe nun in meinem Grab
Auch mit Geduld der Welt Bosheit
Hab' ich ertragen allezeit
Nach Gottes Willen, welcher ist
Der allerbest zu jeder Frist -
Gelobt seyst Du, Jesu Christ."

In der Reformationszeit also waren die Beziehungen zwischen der St. Laurentius-Kirche und der hiesigen Adelsfamilie, die gleich nebenan in einem Wasserschloss residierte, überaus eng und durchaus fruchtbar. Das sollte sich ändern. Von 1736 bis 1740 wohnte hier Kronprinz Friedrich, der spätere große König Friedrich II. Er baute das dortige Schloss nach seinem Geschmack erheblich um und erlebte in ihm ein unverdorbenes Glück, wie vorher nicht und nachher nie wieder. Das lag auch am Abstand zum väterlichen Regime in Berlin, dessen harter Frömmigkeit und unerbittlichen Disziplin. Es war für Friedrich ein kurzes Glück.

Viel länger konnte sein Bruder es genießen, nämlich von 1744 bis 1802. Wie sein großer Bruder genoss er in Rheinsberg eine aufgeklärte Heiterkeit. Das Schloss war ein Musentempel, an dem sich Schön- und Freigeister wechselseitig inspirierten – auf Französisch. Hinzu kam ein unverklemmtes, homoerotisches Liebesleben. So wurde dieses Schloss zum Sinnbild eines sich im Diesseits erfüllen-

FRANZ SPARREN S.⁰⁰ Mir ist gegeben ANNA v. BREDOW w.l.w

DIS·IST·MEIN·SON

In kraftvoll heiterer Farbigkeit: die Darstellung der Taufe Christi durch Johannes den Täufer auf der zentral stehenden Taufe in St. Laurentius, rechts das Wappen derer von Bredow mit der Leiter

den Lebens: kultiviert, reich, schön, frei. Zur Kirche waren es nur wenige Schritte über die eine große Straße des Ortes. Aber man kann sich nicht vorstellen, dass Friedrich und dann Heinrich jemals den Weg zu dieser Heimstätte des alten, deutschen Protestantismus gefunden hätten. Immerhin hat Heinrich in ihr ein Erinnerungszeichen für seinen Lieblingsmusiker, den jung verstorbenen Violinisten Ludwig Christoph Pitschner, anbringen lassen. Es trägt – natürlich – eine französische Inschrift. Heinrich selbst wollte lieber im Garten seines Schlosses unter einer ägyptisierenden Pyramide bestattet werden.

Die große, unüberbrückte Distanz zwischen Schloss und Kirche blieb Episode. Alle preußischen Könige nach Friedrich II. suchten auf jeweils eigene Weise wieder eine enge Verbin-

dung zwischen ihrem Thron und den Altären im Land. All dies liegt weit zurück. Heute sind Kirche und Staat in Deutschland voneinander getrennt. In den neuen Bundesländern sind zudem weite Teile der Bevölkerung nach zwei kirchenfeindlichen Diktaturen dem Christentum entfremdet. Dennoch, die Rheinsberger mögen ihre Kirche, und Touristen besuchen sie gern – vor allem jetzt, da sie umfassend saniert worden ist. Heute ist sie nicht mehr im Besitz einer Familie, sondern ein offenes Haus für die christliche Gemeinde und für alle Menschen guten Willens. Wer sie betritt und ihre Kostbarkeiten besichtigt, sollte sich aber vom alten Bredow dazu anregen lassen, einmal darüber nachzudenken, wie denn ein Bekenntnis des eigenen Glaubens und Zweifels lauten könnte.

ZUM KIRCHENBAU
Die Stadtkirche St. Laurentius

Die Stadtkirche St. Laurentius, die mitten in der Stadt in Sichtweite des Schlosses steht, ist ein auf kräftigen Mauern aus Feldstein ruhender mittelalterlicher Saalbau mit Rechteckchor. Der heute von einem Pyramidendach bedeckte, halb eingezogene Turm kam erst nach 1566/68 nach einem Brand durch eine Stiftung des alten märkischen Adelsgeschlechts derer von Bredow hinzu. Schlichte Spitzbogenfenster, in der Ostwand drei schmale Rechteckfenster, erhellen das Kircheninnere. Der leicht gedrungen wirkende Turm ist fast ungegliedert, nach Westen hat er ein unauffälliges, rundbogiges Portal. Die Südvorhalle an der Scheidewand zwischen Schiff und Chor heißt auch Brauthalle, hat einen repräsentativen, von Deutschen Bändern eingefassten Schmuckgiebel mit einem kleinen Spitzbogenportal und stammt aus der Zeit um 1500. Die ganze Kirche ist sandgelb verputzt.

Der Innenraum ist von der Renaissance-Neugestaltung von 1568 bestimmt. Chor und Schiff sind durch einen gestauchten Rundbogen voneinander geschieden. Beide Räume wirken stark für sich. Das Schiff hat vier Gewölbefelder, die auf einem starken Mittelpfeiler ruhen, der eine Zweischiffigkeit dieses Raumes suggeriert. Unter den westlichen beiden Gewölbekappen stehen schwesterngleich aufeinander bezogen zwei Orgelprospekte. Sie beherbergen die 1766 bis 1767 entstandene Orgel des Neuruppiner Orgelbauers Gottlieb Scholtze (1713–1783), der einst Schüler Joachim Wagners war, und die 1994 dazu gekommene Orgel der 1966 von Wolfgang Nußbücker (*1936) gegründeten Firma Mecklenburger Orgelbau aus dem mecklenburgischen Plau am See. Der Chor, der höher ist als das Kirchenschiff, hat drei mal drei Gewölbefelder, die von vier auf achteckigen Postamenten ruhenden Pfeilern mit korinthisch anmutenden Kapitellen getragen werden. Die Vier steht im christlichen Kontext nicht nur für die großen Propheten des Alten Testaments – Jesaja, Jeremia, Hesekiel und Daniel – und die vier Evangelisten des Neuen Testaments – Matthäus, Markus, Lukas und Johannes – sondern auch für die vier Erzengel Gabriel, Michael, Raphael und Uriel und seit dem 5. Jahrhundert für die vier Adventssonntage und Adventus Domini, die die Ankunft des Herrn vorbereitende Fastenzeit.

Altarmensa und Retabel von 1576 sowie die pokalförmige Taufe und die ebenfalls von den Bredows gestiftete Kanzel, die 1569 umgestaltet wurde, sind voller biblischer Bezüge nach protestantischem Bildprogramm. Die Predella bildet das Abendmahl ab, allerdings mit besonderen Jüngern: Martin Luther und Philipp Melanchthon sowie den Stifter Achim von Bredow entdeckt man dort. Das von Säulen eingefasste Kreuzigungsgeschehen in der zweiten Altarzone ist wie die kleinen Begleitszenen plastisch dargestellt. Auf dem die Chornordgewand bestimmenden Doppelepitaph für Achim und Anna von Bredow, das klassische Renaissance-Züge trägt, finden sich Reliefs mit der Rettung Jonas und der Auferstehung Christi als beziehungsreiche Verbindung zwischen Altem und Neuem Testament.

Ort des Gebetes, der Erinnerung und der Neuschöpfung: der Chorraum von St. Laurentius mit der Taufe, dem Altar und Epitaphien

Romanschauplatz und Wirklichkeit
Die Klosterruine und die Kirche von Lindow

Kaum ein Ort hat in Fontanes Werk solche Spuren hinterlassen wie die Klosterruine von Lindow. Nicht nur in seinen „Wanderungen" beschreibt er sie ausführlich und mit großem Feingefühl, ja fast mit einer Liebe für das Verfallene. Auch in zwei seiner Romane erhält diese Ruine bemerkenswerte Auftritte. Seinen Erstling „Vor dem Sturm" lässt Fontane dort enden: „Auf einer schmalen Landzunge zwischen zwei märkischen Seen liegt das adlige Stift Lindow. Es sind alte Klostergebäude: Kirche, Refektorium, alles in Trümmern, und um die Trümmer her ein stiller Park, der als Begräbnisplatz dient, oder ein Begräbnisplatz, der schon wieder Park geworden ist. Blumenbeete, Grabsteine, Fliederbüsche und dazu Kinder aus der Stadt, die zwischen den Grabsteinen spielen."

Die Geschichte dieses einzigartigen Ortes hat Fontane in seinen „Wanderungen" erzählt: „Kloster Lindow wurde gegen Ende des zwölften oder Anfang des dreizehnten Jahrhunderts von dem Grafen Gebhardt von Ruppin und Lindow als Prämonstratenser-Nonnenkloster gegründet und empfing zu Ehren des Stammhauses der Familie seinen Namen."

Auch eine Katharina von Bora: die sagenumwobene schöne Nonne am Ufer des Wutzsees, geflohen aus den engen Mauern ihres Klosters

Einst gingen hier die Zisterzienserinnen ein und aus: Giebel des ehemaligen Zisterzienser-Nonnenklosters, das um 1230 in Lindow gestiftet wurde

Groß und reich wurde das Kloster, bis es kurz vor der Reformation eines der wohlhabendsten Klöster in der Mark war. Seine Mittel „reichten vollkommen aus, um 35 Nonnen, einer Äbtissin und einem Propst ein einigermaßen gemächliches Leben zu sichern". Diese glänzende Zeit endete mit der Reformation. 1542 wurde das Kloster säkularisiert, also dem kirchlichen Besitz entzogen und in eine kurfürstliche Domäne umgewandelt. Die weltliche Obrigkeit machte aus ihm ein Damenstift, das aber nur noch eine Domina und vier Mitbewohnerinnen ernähren konnte. Im Dreißigjährigen Krieg wurde es wie so vieles in Brandenburg zerstört. Anschließend dienten die Gebäude als Steinbruch. Man schlug Ziegel heraus, um damit Häuser der Nachbarschaft wieder aufzubauen. So entstand jedoch etwas Neues: eine malerische Ruine.

Zwischen den Mauerresten, auf dem Friedhof, im Park und am Seeufer kann man einen stillen Zauber genießen. Heute leben hier keine vornehmen Stiftsdamen mehr, sondern Pfarrerehepaare im Ruhestand. Tot ist diese Ruine keineswegs. Regelmäßig werden Andachten im Freien gehalten, auch Musik ist zu hören, ein interreligiöser Garten soll angelegt werden. Über allem aber schwebt noch eine Stimmung, wie sie Fontane in diesen Versen festgehalten hat:

„Wie seh ich, Klostersee, dich gern!
Die alten Eichen stehn von fern,
Und flüstern, nickend, mit den Wellen.

Und Gräberreihen auf und ab;
Des Sommerabends süße Ruh
Umschwebt die halbzerfallnen Grüfte."

Hierher, und damit endet „Vor dem Sturm", zieht die Schwester des Romanhelden, Renate von Vitzewitz, um ihren Lebensabend zu verbringen. In ihr Tagebuch schreibt sie: „So will ich denn nach ,Kloster Lindow', unserem alten Fräuleinsstift. Da gehör' ich hin. Denn ich sehne mich nach Einkehr bei mir selbst und nach den stillen Werken der Barmherzigkeit.

Das Leben geht weiter: Erinnerungsort inmitten der Ruinen
des Lindower Zisterzienser-Nonnenklosters

Und nur eines ist, das ich noch mehr ersehne. Es gibt eine verklärte Welt, mir sagt es das Herz, und es zieht mich zu ihr hinauf."

In seinem Alterswerk „Der Stechlin" nimmt Fontane diese Spur wieder auf und beschreibt das Kloster, das hier nun den unschönen Namen „Wutz" tragen muss, noch einmal – so wie ein Maler, der nicht genug davon bekommt, ein und dasselbe Motiv wieder und wieder zu malen: „Wohin man sah, lagen Mauerreste, in die, seltsam genug, die Wohnungen der Klosterfrauen eingebaut waren, zunächst die größeren der Domina, daneben die kleineren der vier Stiftsdamen, alles an der vorderen Langseite hin. Dieser gegenüber aber zog sich eine zweite, parallel laufende Trümmerlinie, darin die Stallgebäude, die Remisen und die Rollkammern untergebracht waren. Verblieben sind nur noch die zwei Schmalseiten, von denen die eine nichts als eine von Holunderbüschen übergrünte Mauer, die andere dagegen eine hochaufragende mächtige Giebelwand war, dieselbe, die man schon beim Antritt aus einiger Entfernung gesehen hatte. Sie stand da, wie bereit, alles unter ihrem beständig drohenden Niedersturz zu begraben, und nur das eine konnte wieder beruhigen, daß sich auf höchster Spitze der Wand ein Storchenpaar eingenistet hatte. Störche, deren feines Vorgefühl immer weiß, ob etwas hält oder fällt."

Fontanes Schilderungen von „Kloster Wutz" haben nicht nur etwas Elegisches, sondern enthalten auch witzigen Spott. Das liegt an dessen wichtigster Bewohnerin, der Domina und Schwester des alten Dublav von Stechlin. Fontane zeichnet sie mit bissiger Freude als Gegenfigur zu seinem Helden. Als ihre hervorstechenden Eigenschaften führt er auf: „die tiefe Prosa ihrer Natur, das märkisch Enge, das Mißtrauen gegen alles, was die Welt der Schönheit oder der Freiheit auch nur streifte." Und so lässt er Dubslav über seine Schwester Adelheid sagen: „Wickelkinder, wenn sie sie sehen, werden unruhig, und wenn sie zärtlich wird, fangen sie an zu schreien."

Wollte Adelheid von Stechlin mit ihren Stiftsdamen einen Gottesdienst besuchen, ging sie in die Kirche von Lindow. Diese ist zum Glück keine Ruine. Eine freundliche kosmetische Behandlung könnte sie vielleicht gebrauchen, aber sonst ist sie intakt und besitzt noch schöne Einrichtungsgegenstände aus der Zeit ihrer Erbauung, zum Beispiel die für die Stiftsdamen reservierte Loge, direkt gegenüber der weit ausladenden Kanzel. Es dürfte wenige Kanzeln geben, die so dominant sind. Unter ihr verschwindet der kleine Altartisch fast. Um die Allmacht der Kanzelredner zu dämpfen, besitzt sie allerdings ein hilfreiches Utensil: eine 240 Jahre alte Sanduhr. Unerbittlich misst diese das Zeitmaß von einer Stunde, das nach einem Befehl Friedrich II. kein Prediger überschreiten durfte. Wer länger sprach, wurde bestraft. Die Kanzel besitzt zudem in der herrlich anzuschauenden und anzuhörenden Barock-Orgel ein Gegengewicht: Nur gemeinsam in Wort und Musik

Der alte Gottesacker des Klosters: hier ruhen Töchter des märkischen und mecklenburgischen Adels dicht beieinander

kann die frohe Botschaft verkündet werden. Dieser Sakralbau ist kein ruinöses Idyll, sondern eine lebendige Gemeindekirche. Das zeigt sich auch daran, dass sie nicht „geostet" ist, sondern sich auf ihre Umgebung ausrichtet. Ihren Grundriss bildet ein Kreuz mit vier Türen – die Kirche öffnet sich nach allen Seiten zu ihrer Stadt. Von dieser meinte Fontane, sie sei „nur durch ihre Lage reizend". Das ist zu streng geurteilt. Denn Lindow hat nicht nur drei Seen (und einen lieblichen Namen), sondern ist ein vitales Gemeinwesen, das es allerdings schwerer hat als manche Nachbarstadt, die noch zum Berliner Einzugsgebiet gehört. Man sieht dies an so einigen leeren Geschäften in der Hauptstraße.

Wie bedeutsam die Kirche in Umbruchszeiten zu werden vermochte, zeigte sich 1989. Die Friedliche Revolution fand ja nicht nur in Leipzig statt. Auch in Lindow kam es zu Protesten, Verhaftungen, Friedensgebeten und Demonstrationen. Vielleicht brauchte der Widerstand in einer kleineren Stadt einen größeren Mut, weil alles weniger anonym zugeht und jeder jeden kennt. In Lindow begann es damit, dass am 6. Oktober 1989 Steffen, ein Sohn des damaligen Gemeindepfarrers Schubach, der am 13. November 1976 listig das letzte öffentliche Konzert Wolf Biermanns in der DDR in Prenzlau organisiert hatte, als Protest gegen die offizielle Jubelfeier zum Jahrestag der Staatsgründung ein Tapeten-Plakat an die Litfaß-Säule am Marktplatz klebte, auf dem zu lesen war: „40 Jahre DDR wir wollen / reelle Berichterstattung in unseren Medien / freie Wahlen statt deren Manipulation / Reisefreiheit statt Massenflucht / Zulassung von Oppositionsgruppen / Mitbestimmung in der Gesellschaft statt Entmündigung / Reformen statt Volksverdummung und einen Zivilersatzdienst". Schnell eskalierte die Lage: In der Nacht darauf protestieren etwa zwanzig Jugendliche vor dem Rathaus; sie werden am nächsten Tag verhaftet, einige direkt vom Fußballspielen auf dem Sportplatz weggeholt; abends zieht eine Demonstration durch die Hauptstraße; Polizei rückt an; eine Barrikade wird auf der Hauptstraße errichtet, Jochen und Renate Schubach öffnen alle Pfarrhaustüren, um Bedrängten Schutz zu gewähren; am 9. Oktober kommen mehr als 500 Menschen zum ersten Friedensgebet in der Kirche zusammen; Unglaubliches geschieht: Menschen ziehen mit Kerzen in der Hand aus der Kirche zum Rathaus; Inhaftierte werden freigelassen; auf öffentlichen Debatten – ebenso wie in den Friedengebeten – sagen die Lindower endlich frei ihre Meinung; die Angst schwindet und mit ihr die alte Macht, Hoffnung kommt auf und die Mauer fällt.

Das ist nun lange her, aber nicht vergessen. Immer noch versucht die Kirchengemeinde, ihren Beitrag zur demokratischen Kultur ihrer Stadt zu leisten und Zeichen einer christlichen Humanität zu setzen. Besonders bedeutsam und anrührend ist dabei die Pflege des jüdischen Friedhofs. Nur wenige Minuten Fußweg von der Kirche entfernt, befindet sich neben dem weitaus größeren, städtischen Friedhof, zwischen Parkplätzen, Neubauten, Wäscheständern und Alt-Glas-Containern die Stätte, wo zwischen 1824 bis 1938 die Juden von Lindow und Umgebung ihre Toten bestattet haben. Wundersamer Weise hatte dieser kleine Friedhof die NS-Diktatur überlebt. In der DDR wurde er nicht beachtet. Fast wäre er in den

Erzählt von alten Zeiten: der Giebel der ehemaligen Klosterschule, der ein beliebtes Zeichenmotiv geworden ist.

1980er Jahren aufgelöst worden, hätte die Kirchengemeinde sich nicht für seinen Erhalt eingesetzt. Die Mauer wurde gesichert, Steine wurden in ehrenamtlicher Arbeit restauriert und wieder aufgestellt. Seither kümmert sich die Jugendgruppe der Kirchengemeinde um die Pflege dieser so ganz anderen Ruine.

ZUM KIRCHENBAU
Zentralbau in Lindow

Nachdem ein Vorgängerbau 1746 vollständig abbrannte, wurde die heutige, auf einem kreuzförmigen Grundriss stehende Lindower Stadtpfarrkirche 1751–1755 vom Königlichen Landesbaumeister Georg Christian Berger errichtet. Der auf quadratischem Grundriss ruhende und markant auf der östlichen Straßenseite vorgelagerte Turm, wird von einer schiefergedeckten welschen Haube bekrönt. Im zurückspringenden, schlankeren Obergeschoss trägt er zu allen Seiten eine weithin sichtbare Uhr. Die Wetterfahne trägt das Jahr der Grundsteinlegung 1751. Der altrosafarbene barocke Putzbau mit hellgrauen Putzblenden und Lisenen hat hohe rundbogige Fenster, die in dieser Form von einem Umbau 1838 herrühren. Der kreuzförmige Grundriss scheint zunächst unauffällig und wird erst sichtbar, wenn man unmittelbar vor der Kirche steht. Auf beiden Längsseiten des Schiffes ist je ein schmal vorspringender Annexbau angefügt – nördlich mit dem beidseitig von je zwei Pilastern flankierten Haupteingang, über dem sich im Inneren die Stiftsloge befindet, südlich mit der Sakristei im Rücken des Altars.

Der einschiffige Saal spiegelt den Gedanken des protestantischen Zentralbaus und wird durch die Nutzung als Querraum bestimmt. Eine zweigeschossige, den Raum oval umfangende Empore erweitert den Raum und seine Platzkapazitäten zusätzlich. Oben schließt er mit einer schlichten hölzernen Flachdecke, die ebenfalls von dem Umbau 1838 herrührt. Der barock ausschwingende, elfenbeinfarbene Kanzelaltar auf der Südseite ist von einem Schalldeckel mit kaschiertem rotem Stoffbehang überfangen und einer golden strahlenden Sonne bekrönt. Auf seiner Balustrade mahnt rechtsseitig eine markante Sanduhr den Prediger an die vergehende Zeit.

Die Orgel aus dem Jahr 1900 steht auf der ersten Empore auf der östlichen Schmalseite zum Turm hin und ragt bis zum Dach empor.

Ort gelebten Glaubens, mustergültiger preußischer Barock und Zufluchtsort der Wendezeit: die Lindower Stadtkirche

Barocke Pracht für das lebendige Wort: die Kanzel der Lindower Stadtkirche, von der aus seit Generationen ihre Pastoren der Zeit ins Gewissen reden. Die eindrucksvolle Sanduhr siehe auch S.47

Vor ihr öffnet sich die Empore halbkreisförmig und bietet so Platz für mitmusizierende Instrumente. Die Orgel selbst ist ein Werk des Orgelbaumeisters Wilhelm Carl Friedrich Sauer (1831–1916) aus Frankfurt an der Oder, der als einer der bedeutendsten Orgelbauer der Romantik gilt und mehrere bis heute berühmte Instrumente gebaut hat. Heute ist die Firma als W. Sauer Orgelbau Frankfurt (Oder) GmbH erfolgreich – ihre Instrumente stehen unter anderem in der Konzerthalle St. Ulrich Halle (Saale) und in der Stadtkirche St. Marien der Lutherstadt Wittenberg.

Ein interessantes Genrebild seiner Zeit ist die Darstellung des „Noli me tangere" von 1771 von Heinrich Stadler auf der westlichen Empore – Maria Magdalena begegnet dem auferstandenen Jesus, glaubt zunächst aber, es sei ein Gärtner, bis Jesus sich zu erkennen gibt. Die schlichte hölzerne Taufe mit einer alten Schale aus dem Vorgängerbau ist weiß und achteckig – sieben Seiten für die sieben Schöpfungstage, die achte schließlich für die neue Schöpfung durch die Taufe.

Ein starkes Aktenbündel – damals wie heute
St Marien zu Gransee

anieren" kommt von dem Lateinischen „sanare" und bedeutet „heilen" oder „wiederherstellen". Nicht nur Menschen, auch Baudenkmäler können sich Verletzungen oder Brüche zuziehen, sterbenskrank sein, wenn sich nicht Sanierer, also Heiler, finden, die ihre Gesundheit wiederherstellen. Bei historischen Bauten ist das eigentlich eine Daueraufgabe, ähnlich wie bei hochbetagten Menschen. Doch kann es gelingen, einem Gebäude mit Hilfe einer fundamentalen Therapie ein langes, gesundes, glückliches Weiterleben zu eröffnen. Dazu bedarf es immenser Anstrengungen. Es muss ein Warnsystem geben, damit man die oft versteckten Schäden rechtzeitig bemerkt. Dann gilt es, eine umfassende und präzise Diagnose zu erstellen, für die anschließend eine passende Therapie zu finden ist und ein angemessener Behandlungsplan. Dazu müssen sich die unterschiedlichsten Experten und Verantwortlichen beraten und ein gemeinsames Vorgehen beschließen. Ist der Sanierungsbeschluss endlich gefasst, muss geklärt werden, wer ihn mit wem umsetzen soll. Dazu braucht es eine Organisation mit klaren Zuständigkeiten und Kompetenzen. Aufträge sind zu vergeben und Mitarbeiter zu gewinnen. Und nicht zuletzt muss nach Antworten auf die entscheidende Frage gesucht werden: Wer soll das bezahlen? Also müssen Anträge geschrieben und Spendenkampagnen durchgeführt werden. Das al-

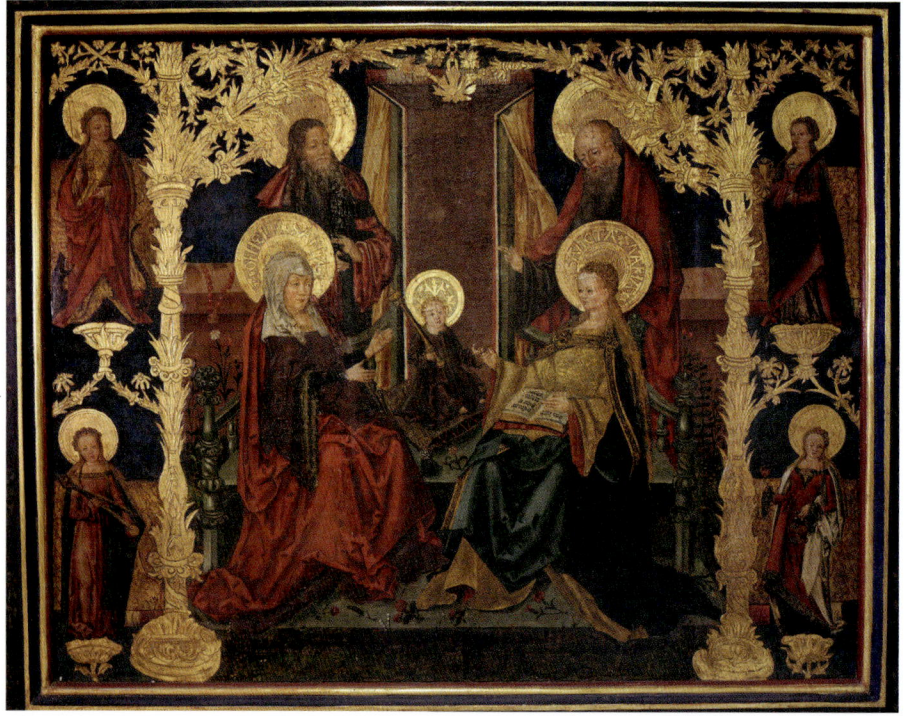

Von um 1520 stammt der Annenaltar in der nördlichen Apsis mit der heiligen Sippe: rechts die jugendliche Maria mit dem Buch, hinter ihr Joseph, links Anna mit dem Kopftuch und Joachim; der Jesusknabe zwischen Anna und Maria trägt Zepter und Reichsapfel. Beziehungsreich befinden sich auf der Annen-Seite Darstellungen von Margarethe und Apollonia, auf der Marien-Seite Barbara und Dorothea.

Zeigt über alle Dächer hinweg ihre Schönheit: St. Marien in Gransee mit ihrem Schmuckgiebel und der Doppelturmanlage

les ergibt ein ziemlich dickes und kompliziertes Auftragsbuch. Häufig werden ihm während der Arbeit weitere Kapitel hinzugefügt, denn bei der Sanierung jahrhundertealter Baudenkmäler kommt es stets zu unerwarteten Komplikationen.

Nicht überall steht eine große, professionell-kompetente Institution zur Verfügung, die all diese Arbeiten übernimmt, auch nicht bei Kirchensanierungen: Das Feld, das zu beackern ist, ist weit, der Arbeiter sind wenige. Dafür aber lösen historische, sanierungsbedürftige Kirchen immer noch, auch bei kirchenfernen Menschen, engagierte Anteilnahme aus, lassen sich viele dafür gewinnen, die Heilung des zumeist geschichtlich ältesten und kulturell

bedeutendsten Bauwerks im Ort mit Geld oder ehrenamtlicher Arbeit zu unterstützen: die öffentliche Hand, Stiftungen, Bürgerinnen und Bürger. Wenn dies geschieht, ist die Kirchensanierung nicht nur eine extreme Herausforderung, sondern wird zu einer beglückenden gemeinsamen Erfahrung.

Die St. Marien-Kirche zu Gransee war bis vor kurzem dringend sanierungsbedürftig. Undenkbar wäre es gewesen, sie nicht wiederherzustellen. Man sieht sie schon von weitem, wie sie über den Häusern, den Stadtmauern, der ganzen Landschaft thront. Ohne diese Kirche, ohne ihre Türme könnte man sich diese Stadt gar nicht vorstellen. Wie unverzichtbar St. Marien ist, liegt nicht nur jedem

Besucher sofort vor Augen, sondern lässt sich auch aus der Historie tiefer begründen. Die bewegte, aber keineswegs ungewöhnliche Geschichte von Gransee hat Fontane in seinen „Wanderungen" so zusammengefasst:

„Es ist das alte Lied: erst großes allgemeines Dunkel, nur hier und da durch ein Streiflicht erhellt; dann Kirchen- und Klösterbau; dann Säkularisierung – Überführung des kirchlichen Besitzes in weltliche Hände nach der Reformation – ; dann Schweden und die Pest; dann ein Dutzend Feuersbrünste mit Hinrichtung dieses oder jenes Brandstifters; dann Beglückung der Stadt durch ein paar Garnisons- oder Invalidencompagnien und in der Regel damit zusammenfallend: Benutzung alter Klostermauern zu Schul-, Kasernen- und Gefängniszwecken."

Gransee ist mit St. Marien gewachsen, in Krisen geraten, durch Katastrophen hindurch- und einer neuen Zukunft entgegengegangen. Ihre größte Zeit war das 16. Jahrhundert. Handel brachte Wohlstand, Stadt und Kirche blühten auf. Einen Eindruck davon kann man heute noch gewinnen, wenn man auf einen der Kirchtürme steigt, über die von historischen Mauern umschlossene, harmonische Stadtanlage und dann weit ins Land schaut.

Doch waren es gerade die beiden Türme von St. Marien, die Anlass zu heftiger Sorge gaben. Sie waren ernsthaft krank, hatten Risse bekommen, Teilstücke lösten sich, Mörtel- und Ziegelhaut platzten ab. Die Folge war, dass es im Inneren feucht wurde, tropfte und faulte. Behandlungsfehler der Vergangenheit, besonders einer fatalen Betonreparatur in den 1990er Jahren, wurden sichtbar. Also musste die Sanierung der beiden Türme angegangen

werden, mit geschätzten Kosten von etwa 350.000 Euro. Das ist für eine Kirchengemeinde in einer Brandenburger Kleinstadt sehr viel Geld. Hinzu kamen noch einmal 35.000 Euro für die Behandlung der drei Glocken. Jede von ihnen musste aus einem anderen Grund zum Schweigen gebracht werden. Das Glockenwerk wurde stillgelegt, um die Statik des Turms nicht zu gefährden und eine Sanierung durchzuführen. Die Schäden hoch oben am

Turm konnten die Einwohner von Gransee
nicht sehen. Dass aber nicht mehr geläutet
wurde, haben viele bemerkt und bedauert.
Zum Glück fanden sich auch für die Glocken-
arbeiten genug Unterstützer, so dass die Arbeiten pünktlich zum Fontane-Jahr 2019 abgeschlossen werden konnten.

Der Innenraum der Kirche wurde Anfang
der 1960er Jahre das letzte Mal saniert und befindet sich seither in einem guten Zustand.

Offenbart den ästhetischen Geist der Gotik: Blick in das Gewölbe
des Mittelschiffs von St. Marien

Die gotische Gliederung der dreischiffigen Hallenkirche ist auch durch die akzentuierte Bemalung gut ablesbar. Auffällig ist, dass es im Hauptschiff keinen Mittelgang mehr gibt. Die langen Bankreihen, die das Mittelschiff ausfüllen, versperren den direkten Weg vom Eingang zum Altar. Mit Blick auf den zeitgleichen Bau der Mauer versuchte sich ein Pfarrer an einer theologischen Deutung: „Wenn das Volk geteilt ist, soll die Gemeinde eins sein." Doch der profane Grund war, dass die Sitzheizung in den Bänken nicht unterbrochen werden sollte.

Fontane bedauerte, dass beim großen Brand von 1711 viele Kunstschätze verloren gegangen seien. Ganz stimmt das nicht. Bemerkenswertes aus Mittelalter und früher Neuzeit hat sich erhalten, etwa das monumentale, beim ersten Anblick erschreckende Triumphkreuz aus dem späten 15. Jahrhundert. Oder

der kostbare Altar, ungefähr aus der gleichen Zeit. In seiner Mitte zeigt er die Kreuzigung Jesu, bewegt wie eine Theaterszene, anrührend wie ein Puppenspiel. Mit Lust am Exotischen sind die türkischen Kopfbedeckungen der Soldaten gestaltet. Nur Maria Magdalena, die abgesetzt von der Menge, allein am Fuße des Kreuzes den Tod ihres Freundes und Meisters betrauert, trägt das Haar offen, ein Zeichen ihrer prekären Lage. Die ebenfalls trauernde Mutter Jesu am vorderen Bildrand verweist auf einen zweiten Altar, gleich nebenan im linken Seitenschiff. Er stammt aus dem Jahr 1520 und zeigt das damals beliebte Motiv „Anna selbdritt": Maria und ihre Mutter Anna betrachten das Jesuskind. Als zukünftiger Weltenherrscher hält es Zepter und Reichsapfel in Händen. Umrahmt werden die drei durch die Ehemänner Joachim und Josef, altkirchliche Märtyrerinnen und bedeutende Heilige. Dieser Altar stellt eine symbolisch beziehungsreiche, aber nicht-evangelische Theologie vor. Als man im Zuge der Reformation seine ursprüngliche Heimat, die örtliche Franziskanerkirche, auflöste, kam die Frage auf: Wohin mit ihm? Da er so schön war, gewährte man ihm – theologische Richtigkeit hin oder her – in der evangelisch gewordenen Marien-Kirche ein dauerhaftes Obdach.

Erhalten haben sich auch alte Grabsteine. Einer ist dem Prediger Ernst Germershausen gewidmet. Er hatte die Kirche nach dem Brand von 1711 zu sanieren. Beim großen Bauvorhaben, das galt damals wie heute, muss man nicht zuletzt politisch klug vorgehen. Das war nicht Germershausens Stärke, wie Fontane zu berichten wusste: „Mit dem Magistrate lag er in beständiger Fehde, was auf den Wiederaufbau der Kirche nachteilig wirkte. Die Stadtbehörde verweigerte beispielsweise die Lieferung von Holz, infolgedessen die Kirche drei Jahre lang ohne Dach blieb. Beiläufig eine Strafe, die diejenigen, die sie verfügte, mittraf, wenn sie nicht vielleicht ‚aus Rache‘ auch die Predigt versäumten. In der Magistratsregistratur ist noch ein starkes Aktenbündel vorhanden, das Kunde gibt von der gegenseitigen Erbitterung.“

Dafür konnte Germershausen gut predigen. Dies zeigt eine Trauerrede, aus der Fontane zitiert: „Am 6. Mai 1728 starb in seinem 84. Jahre der Vorachtbare und Wohlvornehme Herr Daniel Grieben Senior. Er trat dreimal in den Stand der heiligen Ehe und hinterläßt 16 Kinder, 56 Enkel und 8 Urenkel. Sein Leben und Wandel betreffend, so hat er sich als einen Christlichen Gottseeligen Bürger wohl aufgeführet, Gottesdienste, nie versäumet und mit gebührender Andacht das heilige Abendmahl fleißig gebrauchet; seine Kinder und Gesinde zur Gottesfurcht gehalten und wohlerzogen. Er gab einen guten Haushalter ab; gegen den Nächsten war er mitleidig, so daß er in Noth mit Geld und Getreide jedermann ohne jeden Eigennutz gern gedienet. Und da ihn Gott im Zeitlichen reichlich gesegnet, hat er sich durch solches weder zu Stolz und Hoffahrt, noch zu Verschwendung bewegen lassen, sondern ist nach wie vor in Gottesfurcht, Demuth und Fleiß geblieben.“

Kirchen sind Orte, in denen man gemeinsam über den Sinn und Inhalt eines guten Lebens nachdenken kann. Deshalb lohnt es sich, sie zu sanieren – wieder und wieder.

Figürlicher Schmuck ziert die Kapitelle

ZUM KIRCHENBAU
St. Marien zu Gransee

Die vorreformatorisch als Pfarr- und Hauptkirche fungierende, dreischiffige Stadtpfarrkirche St. Marien ist eine der schönsten Hallenkirchen in Brandenburg. Ihre ersten Mauern reichen in das Jahr 1220 zurück. Der heutige spätgotische Bau in backsteinernem Gewand, der anfangs dem Heiligen Jacob entlang der Pilger- und Handelsstraße geweiht war, schließt mit drei die Schiffe abschließenden Apsiden und einem prächtig mit Blenden und Maßwerk verzierten Giebel im Osten. Im Westen steht ein aus Feldsteinquadern errichtetes Westwerk, das in der Mitte ein spitzbogiges, gestuftes Portal besitzt. Darüber erheben sich zwei wuchtige Türme; der südliche geht in ein Achteck über und endet in einem gemauerten Pyramidenhelm, der nördliche Turm hat eine gestufte Schieferhaube. Die Langhauswände werden von gestuften Strebepfeilern gestützt und enden mit einem einfachen Maßwerkfries aus Formsteinen. Zwei kleinere Portale führen von der Nord- und der Südseite in die Kirche.

Der breit gelagerte, lichte Innenraum, der in drei Bauphasen 1285, zwischen 1330 und 1360 und schließlich 1450 seine heutige Gestalt bekommen hat, wird von markanten Achteckpfeilern rhythmisiert, die das Kreuzrippengewölbe tragen. Auf Kapitellen und in einigen Gewölben finden sich sogenannte apotropäische Abbildungen – Reliefs und Bilder mit Dämonen austreibenden und Unheil wehrenden Darstellungen, die schlechten Zauber abzuwenden vermögen und damit bildhaften Einblick in die Vorstellungs- und Wahrnehmungswelt der Menschen früherer Zeiten geben.

Die den Raum aus der Höhe her einnehmende Triumphkreuzgruppe ist überlebensgroß und stammt aus der Zeit um 1500. Beeindruckend ist die formale, in den Raum eingebundene Schlichtheit der Figuren bei gleichzeitig feinsinnig ausgearbeiteten Gesichtszügen. Von 1911 stammen die farbigen Glasfenster, in der südlichen Seitenapsis „Jesus als Kinderfreund" nach einem Entwurf von Ernst Christian Pfannschmidt (1868–1949) und in der Hauptapsis die „Ölbergszene" und die „Kreuzigung" von dem aus München stammenden Glasmaler Karl de Bouché (1845–1920). Die Orgel von 1744 mit dem prachtvollen Prospekt stammt ursprünglich von dem berühmtesten barocken Orgelbauer in der Mark Brandenburg, Joachim Wagner (1690–1749).

Die Zierde des Ortes: St. Marien im Zentrum des Städtchens

Von beeindruckender Präsenz: die Triumphkreuzgruppe im gotischen Gewölbehimmel von St. Marien

44

Ein frömmelnder Erbauungsschriftsteller ist Fontane nicht gewesen. Aber ganz unchristlich war er auch nicht. Sein Verhältnis zum Glauben und zur Kirche ist voller Spannungen und deshalb für heutige Menschen so interessant. Will man sich ein Bild von seinem eigenen Glauben oder Unglauben machen, empfiehlt es sich, die Pastorengestalten in seinen Büchern zu betrachten.

Während Pastoren in der Gegenwartsliteratur allenfalls am Rande vorkommen, spielen sie bei Fontane eine wichtige Rolle. Nie treten sie als Haupt-, oft aber als bedeutsame Nebenfiguren auf. Da sind zunächst die vielen Landgeistlichen, die er in seinen „Wanderungen durch die Mark Brandenburg" vorstellt. Ihr Leben und Arbeiten ist mühsam. Aber sie stehen mitten im Leben ihrer Gemeinden. Der Blick der Landpastoren umgreift das ganze Leben, nichts Menschliches ist ihnen fremd, zu Angehörigen aller Schichten haben sie Zugang. So können sie ihren Dienst tun, der darin besteht, Gegensätze zu versöhnen.

Fontane schildert das märkische Pfarrhaus in seiner anspruchslosen, doch von Kunstsinn und Bildung erfüllten Behaglichkeit und setzt es in einen schroffen Gegensatz zur verbissenen und politisierten Pastorenschaft der Residenz. Aber er sah, dass die Zeit der alten Pastoren, die für alle da waren, keine Karriere und keine Programme verfolgten, an ein Ende gekommen war. Gerade an den Pastorenfiguren seiner Romane wird deutlich, mit welch seismographischem Gespür er die gesellschaftlichen und kirchlichen Umbrüche seiner Zeit wahrnahm.

Mit dem wirtschaftlichen und politischen Niedergang des Adels verlor auch die Landgeistlichkeit ihr Fundament. Ein gefährlicher Prozess der Vereinnahmung begann. Der Pastor wurde zum Interessenvertreter seines Patrons, zur „schwarzen Polizei", verlor die alte Weite und natürliche Duldsamkeit seiner Vorgänger. Mit antimodernistischer Wut und unevangelischem Dogmatismus stemmte er sich gegen die gesellschaftlichen Veränderungen, die die Stellung seines Herrn gefährdeten. In Briefen hat Fontane oft über die

Mitten im Leben: Abendmahl mit allem, was dazu gehört – auch Salz. Detail aus dem Abendmahl auf der Predella des Altars in Bad Freienwalde

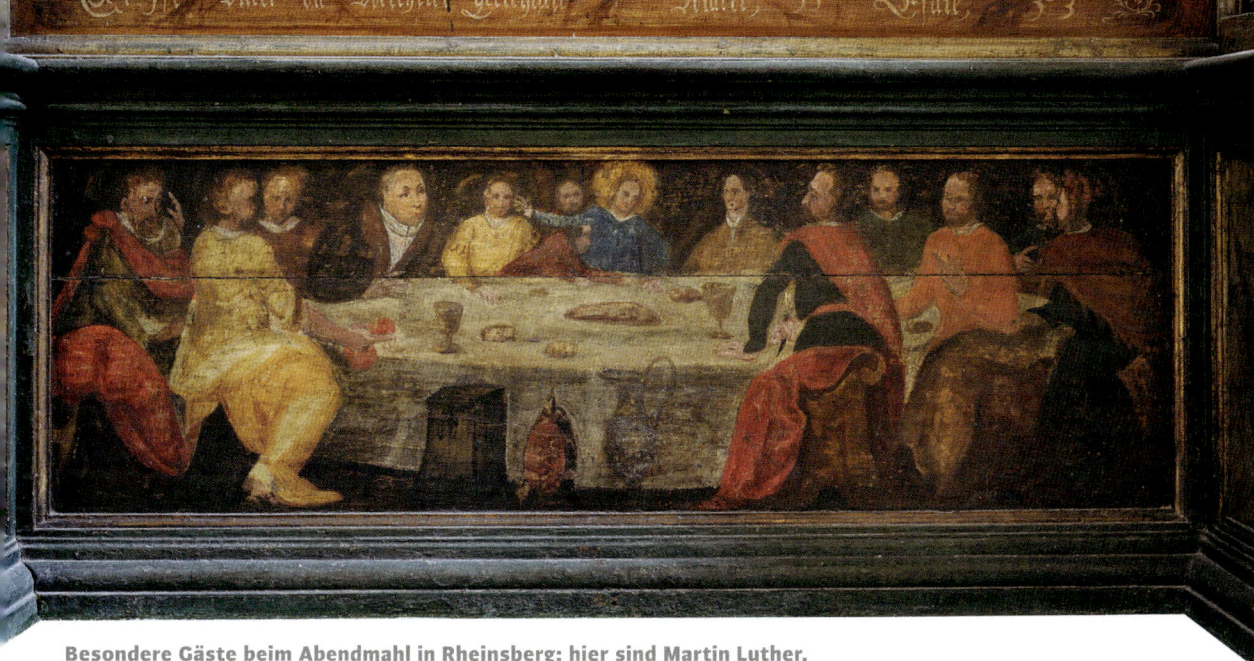

Besondere Gäste beim Abendmahl in Rheinsberg: hier sind Martin Luther,
Philipp Melanchthon und der Stifter Achim von Bredow als Jünger eingereiht

„schweifwedelnden Pfaffen" geschimpft, „die uns diese Mischung von Unverstand und brutalem Egoismus als ‚Ordnung Gottes' aufreden wollen."

Vor diesem düsteren Hintergrund gestaltete Fontane einige pastorale Licht- und Gegengestalten. Diese stattete er mit einer eigentümlichen Widerständigkeit aus. Sie gewinnen ihre Glaubwürdigkeit dadurch, dass sie sich nicht zum Werkzeug der Herrschenden machen lassen. Gegenüber Obrigkeit, Konvention und Kirchenamt bewahren sie sich eine evangelische Freiheit. Einer von ihnen ist Pfarrer Niemeyer aus „Effi Briest". Effis Mutter hatte erwartet, dass er ihre Tochter Mores lehren und die Ehebrecherin zurück auf den Pfad bürgerlicher Tugendhaftigkeit führen würde. Doch auch wenn die Mutter ihn deshalb für eine „Null" hält, erfüllt Niemeyer diesen Wunsch nicht. Denn Seelsorge versteht er nicht als Instrument, um die gesellschaftliche Ordnung aufrecht zu erhalten und Abweichler auf den rechten Kurs zu zwingen. Vielmehr möchte er, dass diejenigen, die ihm anvertraut sind, nicht konform, sondern frei sind. Darum zögert Niemeyer nicht, der sterbenden und von der vermeintlich ordentlichen Gesellschaft verstoßenen Effi Gnade und Vergebung zuzusprechen.

Ein anderer ist Pfarrer Lorenzen aus dem „Stechlin". Er hat das Glück, im alten Dubslav von Stechlin noch einen weitherzigen Patron alter Prägung zu besitzen, der „seinen" Pfarrer weitgehend gewähren lässt. Lorenzen nutzt diese Freiheit für ein intensives soziales Engagement und eine undogmatische Verkündigung. Er versucht, die frühere Weite des märkischen Landpfarrers durch den Einsatz für die unteren Schichten wiederzugewinnen und nähert sich deshalb – unerhört! – der Sozialdemokratie an. Sein „Ritt ins Bebelsche" ist Ausdruck eines Christentums, das die Nächstenliebe unter den Bedingungen moderner Sozialpolitik zu üben versucht.

Ganz anders sein Vorgesetzter, Superintendent Koseleger: karrieresüchtig, gierig nach Anerkennung durch die Obrigkeit, ständig bemüht, sich bei den Herrschenden beliebt zu machen. Er hält an der Schale, der alten Ordnung, fest und bekämpft alle, die dem Kern des Christlichen eine neue Gestalt geben wollen. Wer von beiden ist nun konservativ-bewahrend, wer politisch-engagiert? Im Grunde ist es doch Lorenzen, der vermeintlich linke Pfarrer, der die verlorene Unabhängigkeit seines Amts wiedergewinnt, indem er nicht zum kirchlichen Parteipolitiker wird, sondern er selbst bleibt und für alle da ist.

Zu kirchlichen Konventionen hält Lorenzen Abstand. Indoktrination, religiöser oder moralischer Zwang sind ihm fremd. Er will andere Menschen in die Freiheit führen und diese auch für sich selbst bewahren. So bemüht er sich, als Person in seinem Amt nicht unterzugehen, sondern eine ungekünstelte Menschlichkeit vorzuleben. Dies bewährt sich im Umgang mit den letzten Fragen. Indem Lorenzen angesichts des Todes den aufgesetzten Ton vollbrünstiger Gewissheiten vermeidet, wird er dem alten Stechlin zum vertrauenswürdigen und tröstlichen Seelsorger.

„Sonderbar", wundert sich der alte Dubslav, „dieser Lorenzen is eigentlich gar kein richtiger Pastor. Er spricht nicht von Erlösung und auch nicht von Unsterblichkeit, und is beinah, als ob so was für alltags zu schade sei. Is gerade wie mit den Doktors. Aber zuletzt begibt man sich und hat die Doktors am liebsten, die einem ehrlich sagen: ‚Hören Sie, wir wissen es auch nicht, wir müssen es abwarten.' Seit beinah zwanzig Jahren kenn ich Pastor Lorenzen, und noch hat er mich nicht ein einziges Mal belogen. Und dass man das von einem sagen kann, das ist eigentlich die Hauptsache."

Nach seinem Tod hält ihm sein Pastor eine der schönsten Predigten der Weltliteratur. Hier nur einige Sätze daraus: „Er war recht eigentlich frei. Er hatte vom Bekenntnis weniger das Wort als das Tun. Er hielt es mit den guten Werken. Denn er hatte die Liebe. Er war das Beste, was wir sein können, ein Mann und ein Kind. Nun wird er die Himmelsruhe haben, die der Segen aller Segen ist."

Guter Rat

An einem Sommermorgen
Da nimm den Wanderstab,
Es fallen deine Sorgen
Wie Nebel von dir ab.

Des Himmels heitere Bläue
Lacht dir ins Herz hinein,
Und schließt, wie Gottes Treue,
Mit seinem Dach dich ein.

Rings Blüten nur und Triebe
Und Halme von Segen schwer,
Dir ist, als zöge die Liebe
Des Weges nebenher.

So heimisch alles klinget
Als wie im Vaterhaus,
Und über die Lerchen schwinget
Die Seele sich hinaus.

Ein jegliches hat seine Zeit – auch die Predigt: Sanduhr auf der Kanzel der Stadtkirche in Lindow

IM HAVELLAND

„Grüß Gott dich, Heimat! ... Nach langem Säumen
In deinem Schatten wieder zu träumen ...
Es spiegeln sich in deinem Strome
Wahrzeichen, Burgen, Schlösser, Dome ...
Und an deinen Ufern und an deinen Seen,
Was, stille Havel, sahst all du geschehn?!"
Theodor Fontane

Szenerie im arkadischen Traum
Die Heilandskirche in Sacrow und ihre Rettung

Es ist seltsam, dass Fontane zu einer der schönsten Kirche der Mark Brandenburg gar nichts eingefallen ist. Natürlich konnte er nicht ahnen, dass sie in der zweiten Hälfte des 20. Jahrhunderts ein extrem bitteres Schicksal erleiden sollte, dann aber auf wundersame Weise gerettet wurde. Aber warum hat er die Heilandskirche von Sacrow in seinen „Wanderungen" nicht einmal erwähnt?

In seinem Kapitel über diesen kleinen Ort an der Havel beschränkte er sich darauf, ausführlich aus dem Tagebuch des Pfarrers zu zitieren, der dort von 1774 bis 1779 seinen Dienst tat. Es ist ein einziger Klagegesang, der einem jede Nostalgie nach der vermeintlich guten alten Zeit austreibt. Sacrow war damals nur ein „Ratzenloch" mit einer kleinen, alten Feldsteinkirche, aber ohne eigenen Pfarrer. Der zuständige Geistliche lebte in einem größeren Nachbarort, reiste aber regelmäßig, wenn auch ungern an. Denn hier begegneten ihm nur Widrigkeiten. Er hatte mit einem faulen, fre-

Preußisches Arkadien und beliebtes Fotomotiv: Die Heilandskirche am Port von Sacrow

Nach frühchristlichem Vorbild: gleich einer dreischiffigen Basilika mit freistehendem Campanile Klein-Italien am Havelufer

chen Küster zu kämpfen. Von der Gemeinde erfuhr er nur Anfeindungen. Seine finanzielle Ausstattung war kümmerlich. Sein Patron, der Graf Hord, war ihm nicht wohlgesonnen. Nur einmal war die Gräfin bei ihm zum Abendmahl erschienen. Als sie starb, ließ der Witwer sie eilig und lieblos beerdigen. Einen Gottesdienst gab es nicht, man zog gleich zum Grab, zwei Lieder wurden gesungen, ein Gebet gesprochen, das war es. Der Graf lehnte währenddessen an einem Baum „und zog etliche Male das Schnupftuch heraus", nicht der Tränen, sondern des Tabaks wegen. „Nach 4 Wochen bestellt Herr Lüdicke, der Schreiber des Grafen, eine Leichenpredigt. Ich hielt sie, aber der Graf war bei dem König, in Berlin. Niemand vergoß eine Thräne." Nach Sacrow führte nur eine schlechte Straße, „die Niemand bereiset als ich". Das war besonders im Winter eine Qual, die von der Gemeinde nicht belohnt wurde. Hatte sich der Pfarrer durch Wind und Kälte gekämpft, traf er zum Gottesdienst selten mehr als ein Dutzend unfreundlich dreinblickender Menschen an.

Doch nur wenige Jahrzehnte später – und davon hätte Fontane unbedingt erzählen müssen – ließ der gerade inthronisierte König Friedrich Wilhelm IV. seinen Architekten Ludwig Persius hier, an den Jungfrauensee und in den Park von Peter Joseph Lenné, eine neue Kirche bauen. Die alte war längst unbenutzbar. Mit äußerstem Feinsinn wurde die neue weniger „errichtet", als in die Landschaft gezeichnet und zwar so, dass es sie zwei Mal gibt: als Kirche am Ufer, die wie ein Schiff den örtlichen Fischern Schutz und Heimat bietet, und als Traumbild, wenn sie sich im Wasser spiegelt, darin wellt und mit dem Himmel verbindet. Am Beispiel dieser Kirche hätte Fontane über ein anderes preußisches Königreich schreiben können, das nicht laut, autoritär, soldatisch und gewalttätig auftritt, sondern sich als sensibel, freundlich, kunstsinnig und weltoffen erweist. Sie verbindet das Beste aus verschiedenen Welten, verschmilzt wie mit einem Zauber das Brandenburgische mit dem Italienischen. Ihre äußere Gestalt verdankt viel der italienischen Renaissance, aber auch dem

gelben Brandenburger Backstein, der durch Kachelbänder und eine Fuge, die Karl Friedrich Schinkel entwickelt hatte, einen besonderen Rhythmus gewinnt. Die Außengalerie öffnet die Kirche zum See hin und schafft einen arkadischen Zwischenraum. Wie gern man hier entlanggeht, sich an die Wand lehnt und hinausschaut, so als stünde man auf dem Deck eines eleganten, aber auch vertrauenswürdigen Schiffes auf großer, guter Fahrt.

Geht man zum Eingang, begegnen einem noch mehr versöhnte Unterschiede: der italienische, für sich stehende Glockenturm, das altkirchliche Portal und – ungewöhnlich, aber protestantisch – zwei immense Steintafeln mit langen Bibeltexten: dem Anfang des Johannes-Evangeliums „Am Anfang war das Wort" und dem Hohelied der Liebe „Nun aber bleiben Glaube, Hoffnung, Liebe." Das Innere wendet den ökumenischen Gedanken auf den Protestantismus selbst an. Denn er verbindet die Schlichtheit und Konzentration der reformierten „calvinistischen" Tradition mit dem

lutherischen Sinn für Sakralität und Aura. Dies ist wirklich eine Kirche und nicht bloß eine fromme Versammlungsstätte. Sie öffnet sich dem Besucher als Asyl der Stille und flößt ihm Ehrfurcht ein. Sie lässt ihn Abstand nehmen von der Geschäftigkeit seines Alltags und zur Besinnung kommen. Sie tut dies leise und zart. Klerikale Herrschaftsgesten fehlen ihr. Sie hat etwas Leichtes. Die blaue Himmelsdecke, all die vielen Sterne an Decke und Altarbild bringen den Blick ins Schweben. Nichts drückt nieder. Das Kreuz ist nicht als religiös-politisches Machtzeichen oder Inbild des Grauens gestaltet, sondern durchsichtig. Es ist ein Symbol, durch das man hindurchschauen kann zum großen Bild hinter dem Altar. Dieses zeigt Christus als Weltenherrscher. Doch auch er hat nichts Beängstigendes. Denn er ist hier nicht – wie in manchen vorneuzeitlichen Darstellungen – ein unbarmherziger Richter, sondern ein Segnender. Seine Macht erweist sich darin, dass er der Welt Anteil an seiner Freundlichkeit schenkt.

Atlas mit der Weltkugel und Blitzen von Hermann Hosaeus am Campanile mit einer Erinnerung: „An dieser Stätte errichteten 1897 Prof. Adolf Slaby und Graf von Arco die erste Deutsche Antennenanlage für drahtlosen Verkehr."

Die Heilandskirche von Sacrow war ein gemeinsames Werk des Königs und seines Architekten. Friedrich Wilhelm IV. hatte einen Entwurfsskizze gezeichnet, die Baustelle regelmäßig besucht und war später häufig hierher zum Gottesdienst gegangen. Man kann viel Schlechtes über das damalige Staatskirchentum sagen, den König für vieles kritisieren. Aber an dieser Kirche kann man auch sehen, wie künstlerisch begabt er war und dass seine Frömmigkeit echt, aber auch einladend war. Man besichtige nur zum Vergleich die Kirchen, die sein Nachnachnachfolger Kaiser Wilhelm II. bauen ließ.

Schade also, dass Fontane nichts über die Sacrower Kirche geschrieben hat. Und was hätte er erst aus ihrem späteren Geschick gemacht? Die Wunden, die dieser Kirche in der DDR geschlagen wurden, und das Wunder, das sie durch die Wiedervereinigung erlebte, ist ein bewegender „Stoff" für einen großen Erzähler. Den Zweiten Weltkrieg hatte die Kirche ohne Schaden überstanden, anschließend dämmerte sie im Schatten der deutsch-deutschen Grenze vor sich. Doch der Bau der Mauer im August 1961 traf sie mit voller Wucht. Sie stand nun auf einem Todesstrei-

fen. Dass sie weithin sichtbar war, bewahrte sie vor dem Abriss. Doch gleich hinter ihr wurde die Mauer gebaut, mit all den dazugehörigen Grausamkeiten. Immerhin konnte die Gemeinde noch einmal Weihnachten feiern. Doch kurz darauf wurde die Kirche im Inneren schwer beschädigt. „Unbekannte" waren eingedrungen und hatten fast alles zerstört. Nur an das Altarbild hatten sie sich nicht getraut. So war diese Kirche für fast vierzig Jahre von der Welt abgeschnitten, äußerlich immer noch schön, innen verwüstet. Von den Karten der DDR wurde sie wie der ganze Ort gelöscht. Eine tote Zeit – dass damals überhaupt noch Menschen hier waren, bezeugen bloß Einritzungen an der Außenwand: „EK" kann man dort mehrfach lesen. Diese Abkürzung steht nicht für „Eisernes Kreuz", sondern für „Entlassungskandidat". Die Grenzsoldaten, die nur noch ein halbes Jahr vor sich hatten, markierten damit das baldige Ende ihres Dienstes. Haben sie in dieser Kirche etwas Besonderes gesehen oder nur ein Stück Mauer, an dem sie ihre Langeweile und Sehnsucht abreagieren konnten?

Doch es gab immer noch Menschen, die diese Kirche liebten. Einer von ihnen war der

Ruhestandspfarrer Joachim Strauss. Er sorgte in den letzten Jahren der DDR dafür, dass das Dach gedeckt und die Restaurierung der beschädigten Apostelfiguren begonnen wurde. Politiker und Bürger aus West-Berlin halfen ihm dabei. Man hatte das sakrale Kleinod auf der anderen Seite nicht vergessen. Wie ein Vollmond war es zum Greifen nah und unendlich fern. Dann kam die Friedliche Revolution. Auch für die Heilandskirche fiel die Mauer. Am Heiligabend 1989 konnte endlich wieder Gottesdienst gefeiert werden. Wer hätte das für möglich gehalten? Pfarrer Strauss erinnerte in seiner Weihnachtspredigt daran, wie Walter Ulbricht einmal prophezeit hatte, dass diese Kirche in Zukunft überflüssig sein werde, und setzte hinzu: „Und aus diesem Überfluss leben wir heute!" Die Gemeinde sang die alten Lieder, viele weinten.

Heute ist die Kirche so schön und heil wie zur Zeit ihrer Einweihung. Aus dem Mauerstreifen ist längst ein Fahrrad-Wanderweg geworden. Viele Radler kommen vorbei und halten an. Mitglieder der Kirchengemeinde und des Fördervereins halten die Kirche offen und erzählen ihre Geschichte. Den Höhepunkt im Jahr bildet ein Sportschiffergottesdienst im Spätsommer. Große und kleine Boote ankern vor der Kirche, in der Außengalerie wird ein Altar aufgebaut, Lautsprecher sorgen dafür, dass Predigt und Gebete weithin zu hören sind, Lieder werden über das Wasser gesungen, nach dem Segen lassen alle Schiffe ihre Signale erschallen.

„Alles wirkliche Leben ist Begegnung", lautet eine Grundeinsicht des jüdischen Philosophen Martin Buber. Die Heilandskirche von Sacrow stiftet lebendige Begegnungen mit Geschichten, die nicht so schnell vergehen, hier aber bedacht und geklärt werden können, – und manchmal sogar so etwas wie Heilung erfahren.

Mit dem Himmel unter einem Dach: die sternenübersäte Kirchendecke und mit dem vom Orgelprospekt flankierten Rosettenfenster

Blick in die tonnengewölbte Apsis: das Fresko von Adolf Eybel hinter dem Adlerpult und der auf Säulen ruhenden Altarmensa

Die Heilandskirche ist als Point de vue ein vor allem vom Wasser und dem gegenüberliegenden Ufer aus die Blicke anziehendes Kleinod. Zur Bauzeit war sie ein wichtiger Bestandteil der landschaftsgärtnerischen Umgestaltung der Potsdamer Havellandschaft zwischen Neuem Palais und Pfaueninsel und wurde auf einer in den Jungfernsee hineinragenden, künstlich befestigten Landterrasse zwischen 1841 und 1844 von dem königlichen Oberbaurat Ludwig Persius (1803–1845) unter Mitarbeit von Ferdinand von Arnim (1800–1865) errichtet. Der preußische König Friedrich Wilhelm IV. (1795/1840–1861) nahm als Bauherr und Kenner der frühchristlichen Kirchenbaukunst Italiens wesentlichen Einfluss auf die Gestaltung, und ließ die Pläne an seinen und den Idealen dieser Epoche ausrichten.

Von Weitem ist zunächst der wie ein Leuchtturm weit übers Wasser sichtbare, 20 Meter hohe und frei stehende Campanile erkennbar, der auf dem von halbrunden Bänken flankierten Vorplatz der Kirche steht. Das Kirchenschiff selbst ist von einem pultüberdachten, rundbogigen Arkadengang umstellt. Diese organische Ummantelung der Kirche erweckt den idealisierenden Eindruck, der schlichte

Klare Formen im landschaftlichen Idyll: der Säulengang weitet die Kirche und lädt auch Wasserwanderer zum Verweilen ein

Schlicht und erhaben zugleich: der bergende, farblich dezente Innenraum der Heilandskirche mit seiner leuchtenden Apsis, umschrieben mit Psalm 50,15 „Rufe mich an in der
Not, so will ich dich erretten, so sollst du mich preisen."

kubische Saalbau mit der östlich anschließen-
den Apsis sei eine dreischiffige Basilika. Wie
Stirnbänder tragen die umlaufenden Säulen
anstelle von Kapitellen Palmettenringe aus
Zinkguss. Zwei wuchtige Sandsteinpfeiler an
der Vorderfront sind mit Votivtafeln mit einge-
meißelten Bibelversen aus dem Johannes-
Evangelium und dem ersten Korintherbrief
beschlagen. Die aus gelbem Backstein aufge-
mauerten Wände werden durch Friese blaugla-
sierter Fliesen horizontal gegliedert. Diese tragen ein stilisiertes, vierpassartiges Motiv.

Das Apsisfresko im Inneren stammt vom
königlich-preußischen Hofmaler Carl Joseph
Begas d.Ä. (1794–1854). Auch dessen Sohn
Oscar war ein überaus bekannter und erfolgreiche Porträt- und Historienmaler. Die Söhne Carl d.J. und Reinhold wurden Bildhauer,
standen später ebenfalls in königlichen Dien-
sten und zählen zu den bekanntesten Bild-

hauern ihrer Zeit und der Berliner Bildhauer-
schule. Das durch seine südlich-lichte Farbigkeit bestechende Fresko wurde von dem Berliner Maler und Lithografen Adolf Eybel (1808–
1882) ausgeführt. Christus thront mit dem
Buch des Lebens in den Händen zwischen
den Evangelisten, die ihn, von ihren Symbolen flankiert, umstellen – Lukas mit dem Stier,
Matthäus mit dem Engel, Johannes mit dem
Adler und Markus mit dem Löwen. Engel
schweben über der Szene, in deren Scheitel
der Heilige Geist in Form der Taube sichtbar
wird. Das tonnengewölbte Vorjoch der Apsis
übernimmt das romantisch anmutende Ster-
nenhimmeldekor des Dachstuhls, dessen
schlichte Balkenkonstruktion offen liegt.

Zwischen den Obergadenfenstern stehen
beidseitig die zwölf Apostel, aus Lindenholz
gearbeitet vom königlich-preußischen Hof-
holzbildhauer Jacob Alberty (1811–1870).

Süßer die Glocken nie klingen ...

Die Kirche in Caputh und ihre Musik

Wer sich von Fontane den Weg nach Caputh weisen lässt, wird auf eine falsche Spur gesetzt. Als „Chicago des Schwilowsees" nämlich hat er das Städtchen bezeichnet. Das ist ein schiefer Vergleich. Mit Chicago verbindet man hektisches Geschäftsleben, riesige Schlachthöfe und Fabriken, avantgardistische Architektur, Mafia und Jazz, Al Capone und Louis Armstrong.

Von all dem findet man in Caputh nichts. Zu Fontanes Zeiten mag es eine wichtige Handelsstation gewesen sein, an der der ganze Binnenschiffverkehr der Havel vorbei musste. Davon ist heute wenig übrig. Stattdessen sieht man Sport- und Hausboote langsam ihrer Wasserwege ziehen. Zur erholsamen Gemächlichkeit Capuths trägt die Fähre bei, die man nutzen muss, wenn man von Norden

kommend den Ort erreichen will. So eine kleine Fähre ist eine feine Entschleunigungsmaschine, besonders wenn man das Chicagohafte Berlin hinter sich lassen möchte. Und das wollen viele Besucher, aber auch Bewohner von Caputh, die in der Hauptstadt arbeiten, aber hier ihr Zuhause haben.

„Sommerfrische" ist ein altmodisches Wort aus Fontanes Zeiten, das einem in den Sinn kommt, wenn man heute Caputh besucht: ein schöner, freundlicher Ort, malerisch zwischen dem Templiner, dem Caputher und dem Schwielowsee gelegen, nah genug zur Hauptstadt, um für einen Tag oder zwei vorbeizukommen, aber ausreichend entfernt, um den nötigen Abstand zu gewinnen. Albert Einstein war ein kluger Mensch und wusste, warum er hier sein Sommerhaus hatte. Man kann es heute besuchen. Will man in Caputh noch andere Sehenswürdigkeiten besichtigen, darf man das sogenannte Schloss, das einmal dem Großen Kurfürsten gehörte, auslassen. Fontane hat es nur kurz und etwas gelangweilt beschrieben.

Interessanter ist ein anderes Gebäude, das Fontane leider nicht erwähnt hat: die Kirche des Ortes. Auch sie verdankt sich dem Engagement und der Inspiration von Friedrich Wilhelm IV. Erbaut wurde sie von Friedrich August Stüler, einem anderen Lieblingsarchitek-

ten des Königs und Schüler von Karl Friedrich Schinkel. In vielem erinnert sie an ihre Schwesterkirche in Sacrow. Da sind die eigenständigen Anleihen an den Kirchbau der italienischen Renaissance. Da ist der schlanke Glockenturm. Da ist der gelbe, fein rhythmisierte und deshalb gar nicht langweilige gelbe Brandenburger Backstein. Da ist im Innern diese seltene Balance aus Heiligkeit und Helligkeit, aus Eleganz und Konzentration, aus Natürlichkeit und Kunstfertigkeit, dieser Sinn für Proportionen, die den Geist erheben und die Menschen zusammenführen. Teuer ist ihr Bau nicht gewesen, trotzdem ist sie eine Schatzkiste geworden mit nicht weniger als 768 Sternen an der himmelblauen Decke und Apsis sowie an den Bänken. Dies alles verleiht dieser Kirche eine unaufdringliche Menschenfreundlichkeit. Von ihr zeugt auch der Spruch, mit dem man gleich am Eingang begrüßt wird: „Euch, durchreisende Besucher, Euch Gläubige, die Ihr nach einem Ort der Stille und des Betens sucht, Euch Christen, die Ihr Euch sammeln wollt, Euch, die Ihr auf der Suche nach Gott seid, Euch, die das Leben verletzt hat und die Ihr nach Fülle und Frieden strebt, heißt die Kirchengemeinde Caputh willkommen."

Die Kirche von Caputh ist keine Ausflugs-, sondern eine Gemeindekirche. Hier gibt es eine Gemeinschaft von Menschen, die in ihr eine Heimat haben und sich für sie einsetzen. Für viele Neuzugezogene ist sie eine Tür, durch die sie einen Zugang zu ihrem neuen Heimatort finden.

Diese Kirche liegt in der Mitte des Ortes. Zwar umgibt sie ein großer, ökologisch-wilder Garten, der ehemalige Friedhof, aber er schirmt sie nicht ab, sondern bettet die Kirche

Man kann sich ihrer romantischen Anmutung schwer entziehen: die Dorfkirche Caputh mit dem weithin leuchtenden Herrnhuter Stern in der Adventszeit

und das Gemeindehaus in das Gemeinwesen ein. Die Kirche versteht sich offenkundig als Teil ihrer Umgebung, und umgekehrt scheint sie für die Caputher wie selbstverständlich dazuzugehören, wie kirchen-nah oder -fern sie sich auch sonst verstehen mögen. Deshalb engagieren sie sich gemeinsam für ihren Erhalt. Das hat Tradition. Noch in den letzten Jahren der DDR gelang den Caputhern eine grundlegende Renovierung der Kirche. Ein Glücksfall war es, die Kulissenbauer aus den nahe gelegenen Filmstudios in Babelsberg für die Sanierung der Himmels- und Sternenmalereien an der Decke zu gewinnen. Dafür mussten sie „scharwerken", also außerhalb ihrer regulären Arbeitszeit am Wochenende arbeiten (für fünf DDR-Mark die Stunde). Gemeindeglieder, die eigene Autos besaßen, mussten sie abholen und wieder nach Hause fahren. Am Ende sah die Kirche wieder so aus, wie Stüler und sein König sie sich vorgestellt hatten.

Der Sinn dafür, dass eine Kirchengemeinde nur lebt und überlebt, wenn die Gemeindeglieder sich für sie einsetzen, zeigt sich auch darin, dass in Caputh eine Tradition gepflegt wird, die andernorts längst erloschen ist. Hier gilt die alte Regel noch, dass Caputher von Caputhern beerdigt werden. Dafür sorgen sieben Männer, die bei jedem Todesfall im Ort das Grab ausheben, den Sarg von der Kirche zum Friedhof tragen, ihn in die Erde senken und anschließend das Grab schließen. In Zeiten, da der Tod in Deutschland sich immer mehr aus der Öffentlichkeit zurückzieht oder gar nicht mehr gemeinsam begangen wird, ist dieses Ehrenamt unendlich wichtig und Caputh ein Vorbild für andere Dörfer und Städte. Besonders schöne Gelegenheiten, sich für sei-

ne Kirche zu engagieren, bietet die Musik. Das beweist die Caputher Kirche, die über eine ansprechende Orgel verfügt, jeden Sommer, wenn Ehrenamtliche ein gut besuchtes Konzertprogramm für die Caputher und ihre Gäste organisieren. Das verbindet sie mit vielen anderen Kirchengemeinden in Brandenburg, die „Sommermusiken" veranstalten – ein wichtiger Beitrag für das kulturelle Leben dieser Region.

Doch in einem ist Caputh unvergleichlich. Hier gibt es eine ganz ungewöhnliche Musik-Tradition, die sich aus einer unerhörten Begebenheit entwickelt hat. Fontane hätte darüber eine Novelle schreiben können. Aber die Geschichte ereignete sich lange nach seinem Tod. Auch ist unklar, ob sie ihn berührt hätte. Denn ein Musikliebhaber scheint er nicht gewesen zu sein. Die Sprache, das Dichten und Erzählen, war sein künstlerisches Lebensfeld. Zudem war er ein Augenmensch mit einem wachen Sinn für die bildenden Künste. Musik jedoch scheint ihn wenig angesprochen, berührt und inspiriert zu haben. Vielleicht also hätte er diese unerhörte Geschichte dennoch an sich vorbeiziehen lassen.

Es war im Sommer 1987, zwei Jahre vor der Friedlichen Revolution, dass ein Handglockenchor aus den Vereinigten Staaten West-Berlin besuchte. In den USA sind diese Chöre

Ein Kleinod klassizistisch-historistischer Innenraumgestaltung: das Mittelschiff der Dorfkirche Caputh, die auch die Handschrift Friedrich Wilhelms IV. trägt

in etwa das, was in Deutschland die Posaunenchöre darstellen. Mit einem wichtigen Unterschied: Man braucht weniger musikalische Kenntnisse und kann schneller mitmachen. Die Spieler haben vor sich einen Tisch mit mehreren Glocken, die sie je nach ihrem Notenwert und entsprechenden Zeichen des Dirigenten läuten, so dass eine Melodie entsteht. Im 19. Jahrhundert war dies in den USA eine beliebte Varieté-Nummer. Im 20. Jahrhundert fand sie Eingang in die Kirchengemeinden und löste eine regelrechte Massenbewegung aus. Ein solcher, in Deutschland völlig unbekannter Handglockenchor besuchte also das damals noch eingeschlossene Berlin. Dem Pfarrer von Caputh aber gelang es, den „Festival Choir of Fort Wayne" aus dem Bundesstaat Indiana in seine Kirche zu locken. Das war ein gewagtes Unternehmen. Neugierde und Gastfreundschaft mischten sich mit Ängstlichkeit. Die Englischkenntnisse der Gastgeber waren ja begrenzt, auch werden die örtlichen Sicherheitsorgane diesen Besuch genau beobachtet haben. Immerhin, ein Tagesbesuch wurde erlaubt, die Gäste zum Kaffee (den man auch erst einmal im Westen besorgen musste) in verschiedene Häuser eingeladen, dann gaben sie ein Konzert in der überfüllten Kirche. So etwas hatten die Caputher noch nicht gehört oder erlebt: weder diese Musik noch diese Begeisterungsfähigkeit. Anfangs hörten sie still und verhalten zu, doch am Ende gab es bei dem bekannten „We Shall Overcome" kein Halten mehr.

Es konnte nicht bei einem einzigen Konzertbesuch bleiben. Zwei Jahre später kehrten die Glockenspieler aus Fort Wayne zurück. Dieses Mal – und dafür hatten sie intensiv

sammeln müssen – brachten sie 49 Handglocken sowie Notenständer, Notenhefte, Handschuhe, Putztücher und Tischdecken mit. Sie spielten, übergaben die Geschenke und führten einen einwöchigen Workshop durch. Der frisch gegründete Handglockenchor Caputh war so enthusiastisch, dass er gleich von einem Gegenbesuch träumte – im Jahr 1989! Ob

Weißt du, wie viel Sternlein stehen ... hier sind sie mit Geduld zu zählen: die kassettierte Decke der Dorfkirche Caputh

er je möglich wäre? Dann fiel die Mauer. Kurz darauf, im Jahr 1990, unternahmen die Glockenspieler aus Caputh ihre erste Reise über den Atlantik. Besonders beliebte Gastgeschenke waren natürlich Reststücke von der Berliner Mauer.

Den Handglockenchor Caputh gibt es immer noch. Zwischen sechs und zehn Konzer-

ten gibt er im Jahr. Regelmäßig nimmt er an den Caputher Sommer-Musiken teil. Der eigentliche Höhepunkt im Jahr aber ist das Konzert in der Heiligen Nacht – „süßer die Glocken nie klingen ..." dichtete ein Zeitgenosse Fontanes, der aus dem nahen Klosterörtchen Lehnin stammende Friedrich Wilhelm Kritzinger. Das kann man dann hier erleben.

ZUM KIRCHENBAU
Die Kirche in Caputh

Neben Karl Friedrich Schinkel (1781–1841), dem großen Architekten des Klassizismus und frühen Historismus in Preußen, sitzen seine wichtigsten Schüler Ludwig Persius und Friedrich August Stüler eher auf den hinteren Bänken der Bekanntheitsskala. Dabei ist gerade Friedrich August Stüler (1800–1865) einer der maßgeblichen Berliner Architekten seiner Zeit und seine Werke sind auch über Berlin hinaus äußerst prominent und berühmt – etwa das Schloss Basedow (1837–1839) am Malchiner See in Mecklenburg, das Neue Museum (1843–1855) auf der Berliner Museumsinsel, das Belvedere auf dem Potsdamer Pfingstberg (1847–1863) oder die Burg Hohenzollern (1850–1867) im württembergischen Bissingen. Auch im Kirchenbau war Friedrich August Stüler sehr aktiv, errichtete unter anderem St. Peter und Paul auf Nikolskoe (1834–1837) sowie die St.-Matthäus-Kirche (1844–1846) am heutigen Berliner Kulturforum und zwischen 1850 und 1852 schließlich auch die Dorfkirche in Caputh. Dabei benutzte er Teile eines wohl sehr

Sterne auch auf dem Portalgiebel und im Oberlicht, das zum Kommen einlädt: Euren Eingang segne Gott!

Besondere Orgeln haben in der Mark Tradition: ein Instrument von Alexander Schuke, dessen Unternehmen bis heute aktiv ist

viel älteren Vorgängerbaus und konzipierte auf kleinem Grundriss eine klassische Basilika mit polygonaler Apsis und Satteldach im bei Friedrich Wilhelm IV. und seiner Zeit beliebten historistischen Rundbogenstil.

Die Kirche ist mit dem klassisch gelben Backstein der Gegend aufgemauert und verputzt. Lisenen und Friese gliedern den Baukörper. Auch der Wechsel zwischen hellen Putzquader- und gelben Ziegelflächen trägt zur Gliederung der Fassade bei. Besonders reich ist die Westfassade mit der vorspringenden Eingangsvorhalle und der den Giebel des Hauptschiffs schmückender Rosette gegliedert. Auf der Ostseite befindet sich eine ähnlich aufwendig gearbeitete Rosette über der Apsis. Der nordöstlich in den Hintergrund gerückte, schlanke und beinahe frei stehende Glockenturm ist nur durch einen geduckten Sakristeibau mit dem Kirchenschiff verbunden. Der campanile Charakter des Turms verstärkt den italienisch-romantisierenden Ausdruck des idyllisch anmutenden Ensembles. Das mit einer flachen Kassettendecke abge-

schlossene Innere beeindruckt durch die einheitliche Ausmalung und Ausstattung der Erbauungszeit. Rundbogenarkaden markieren klar die Trennung der Schiffe voneinander.

Besonderes historisches Interieur ist das weiße Gold – eine Taufschale aus Porzellan, die in der Königlichen Porzellan-Manufaktur Berlin (KPM) nach einem Entwurf von Karl Friedrich Schinkel entstand. Die Manufaktur wurde 1763 von Friedrich II. gegründet und hat bis heute ihren Firmensitz in Berlin.

Auch der schlicht-elegante Orgelprospekt stammt aus dem 19. Jahrhundert. Das Instrument selbst entstand 1927/1928 in der Potsdamer Werkstatt von Alexander Schuke (1870–1933) und ersetzt einen Vorgängerbau von Carl Eduard Gesell (1845–1894), dessen Orgelbaufirma lange in Potsdam ansässig war und nach dessen Tod von Alexander Schuke übernommen wurde. Schuke war einst Gesells Schüler gewesen und gründete mit der Alexander Schuke Potsdam Orgelbau GmbH eines der erfolgreichsten Orgelbauunternehmen Deutschlands.

Wie hältst Du's mit dem Bild?
De Heilig-Geist-Kirche in Werder und ihre Bilder

Über Werder wusste Fontane einiges zu schreiben, allerdings wenig Schmeichelhaftes. Das war unfair. Die bezaubernde Lage auf einer Havel-Insel legte er der kleinen Stadt böse aus: Dies habe die Einwohner „eng, hart, selbstsüchtig" gemacht. Zustimmend zitierte er einen Autor aus der Zeit des Dreißigjährigen Krieges: „Die Menschen hier sind zum Umgange wenig geschickt und gar nicht aufgelegt, vertrauliche Freundschaften zu unterhalten. Sie hassen alle Fremden, die sich unter ihnen niederlassen, und suchen sie gern zu verdrängen. Arbeitsamkeit und sparsames Leben aber ist ihnen nicht abzusprechen. Sie werden selten krank und bei ihrer Lebensart sehr alt."

Letzteres möchte man den Einwohnern Werders heute noch wünschen, aber gegen den Vorwurf der Fremdenfeindlichkeit sollte man sie verteidigen. Das Städtchen ist längst auf das Festland hinübergewachsen. Inzwischen wohnen hier auch viele Menschen, die in Berlin arbeiten, und Werder wäre nicht ein so beliebtes Ausflugsziel, wenn es nicht gastfreundlich wäre.

Dass die Kirche von Werder „auf der höchsten Stelle der Insel malerisch gelegen" sei, konnte Fontane allerdings nicht leugnen. Von weither sichtbar ragt der etwa 50 Meter hohe Hauptturm mit seinen Nebentürmen erhaben über der Stadt und der Havel auf – für Reisende zu Wasser und zu Lande ein lockender Anblick. Man kann jedoch fragen, ob die Kirche nicht zu groß geraten ist. Wer durch die engen Gassen der Stadt mit ihren schlanken, niedrigen Häusern gegangen ist und dann vor ihr steht, wundert sich über ihre Wucht und Höhe. Auch sie verdankt sich einer Skizze des

Ein schönes Bild braucht einen guten Rahmen: das Havelstädtchen Werder mit der Mühle, der Stadtkirche und dem Anleger der Havelschifffahrt

Architektenkönigs Friedrich Wilhelm IV. Hier scheint ihn sein feines Gefühl für Proportionen im Stich gelassen zu haben. Diese Kirche wirkt im Verhältnis zu den Häusern ringsum zu massig. Wahrscheinlich hatte es der König zu sehr auf die ferne Außenwirkung abgesehen – ein Fehler, der nicht nur beim Kirchbau zu Schwierigkeiten führt.

Wer sich heute vom Kirchturm wie von einem Leuchtturm anlocken lässt, zur Kirche wandert, vor ihr steht und schließlich eintritt,

dem ergeht es wie Jim Knopf und Lukas dem Lokomotivführer, als sie zu Herrn Turtur, dem Scheinriesen, fuhren. Je näher sie ihm kamen, umso kleiner wurde er. Als sie schließlich vor ihm standen, begegnete ihnen kein schrecklicher Riese, sondern ein freundlicher, älterer Herr. Auch die Heilig-Geist-Kirche wirkt aus der Ferne übergroß, erweist sich im Inneren jedoch als ein menschenfreundlicher, friedlich-harmonischer Raum: eine neugotische Hallenkirche, weit und hoch, aber nicht zu weit oder zu hoch, keineswegs niederdrückend und angsteinflößend, sondern still und schön lädt sie zu Muße und Kontemplation ein. Es ist bewundernswert, wie es der Gemeinde zu DDR-Zeiten und nach der „Wende" gelungen ist, diesen Kirchbau Schritt für Schritt zu sanieren.

Wer sich hier umschaut, kann ins Nachdenken über eine zentrale Frage des protestantischen Kirchbaus geraten: „Nun sag, wie hast du's mit dem Bild?" Eigentlich ist der Protes-

Überragt alles: der Turm der Stadtkirche
als Wahrzeichen der Stadt

tantismus eine bilderkritische Konfession. Von Gott will er kein gegenständliches Bild machen, zudem soll die Aufmerksamkeit der Gemeinde nicht durch aufwendige Kunstwerke gestört werden. Doch auch Protestanten sind Augenmenschen, die eine Anschauung dessen brauchen, was sie glauben. Eine solche bietet ihnen hier der Altar. Über dem Ziborium, dem hölzernen Überbau, schwebt die Taube als Symbol des Heiligen Geistes. Darunter steht das Kreuz, an ihm hängt leidend, aber schon verklärt Christus, der Erlöser. Die Formensprache des Mittelalters wird aufge-

nommen und leise in die Neuzeit übersetzt. Dass kein reaktionäres Bildprogramm durchgesetzt wird, zeigt noch deutlicher die Kanzel, links vor dem Altar. An ihrer Brüstung sind in ökumenischer Eintracht Luther – natürlich in der Mitte –, dann Melanchthon, der innerreformatorische Konkurrent Calvin sowie die beiden wichtigsten Kirchenväter der Antike zu sehen: Augustinus für das lateinische und Origenes für das griechische Christentum. Der Vater des Bauherrn, Friedrich Wilhelm III., hatte 1817 die „Union" geschaffen, eine gemeinsame Kirche für lutherische und reformierte Protestanten. Diese Kanzel ist deren schönste bildliche Darstellung.

Doch das denk- und merkwürdigste Bild stammt aus dem Vorgängerbau und ist vorn rechts im Seitenschiff zu sehen. Außerordentlich unfreundlich hat sich Fontane darüber ausgelassen. Es zeige Christus als Apotheker: „Christus steht an einem Dispensiertisch, eine Apothekerwaage in der Hand. Vor ihm stehen acht Büchsen, die auf ihren Schildern folgende Inschriften tragen: Gnade, Hilfe, Liebe, Geduld, Friede, Beständigkeit, Hoffnung, Glauben. Die Büchse mit dem Glauben ist die weitaus größte. In Front der Büchsen liegt ein geöffneter Sack mit Kreuzwurz. Aus ihm hat Christus soeben eine Handvoll genommen, um die Waage, in deren einer Schale die Schuld liegt, wieder in Balance zu bringen." Fontane konnte in diesem altlutherischen Gemälde nur eine abnorme Geschmacklosigkeit

erkennen. Es gehöre zu einer glücklicherweise überwundenen Zeit, „wo es Mode wurde, einen Gedanken, ein Bild in unerbittlich-konsequenter Durchführung zu Tode zu hetzen" und dies in stümperhafter Malerei.

In der Tat, dieses Gemälde passt so gar nicht zur schlichten Eleganz und stilvollen Spiritualität dieser von Schinkel inspirierten Kirche. Grob, ungelenk und verbohrt wirkt es auf den ersten Blick. Ja, eigentlich ist es gar kein Bild, kein Kunstwerk aus eigenem Recht, sondern nur die brave Abmalung eines theologischen Gedankens – deshalb die vielen erklärenden Worte und Bibelverse darauf. Man soll das Gemälde wohl eher lesen und verstehen, als betrachten und genießen. Und doch, kann man ihm nicht etwas abgewinnen? Es ist wahrscheinlich Ende des 17. Jahrhunderts entstanden, Teil einer lutherischen Malbewegung, die nach eigenen Darstellungsformen suchte.

Abbild von Weitsicht und religiöser Toleranz: die Kanzel der Stadtkirche mit Martin Luther auf Augenhöhe mit Johannes Calvin, Origenes und Augustin

Die Medizin der Seele in Farbe: das Bild „Jesus als Apotheker"
in der Werderaner Stadtkirche

Von den überwältigenden Prachtbildern des Katholizismus wollte sie sich absetzen, indem sie die Inhalte des Glaubens in den Mittelpunkt rückte und sich an durchaus originellen Verbindungen von Bild und Text versuchte. Leider hatte man – in einer bitterarmen Kirche eines kriegsverwüsteten Landstrichs – dafür keinen Rubens oder Tizian, sondern nur regionale Kleinmeister zur Verfügung. Aber ist es nicht so, dass in der Kunst wie im Glauben auch Sackgassen notwendige und reizvolle Verkehrswege sein können?

Übrigens, dieses Bild stellt Christus als Arzt und nicht als Apotheker dar. Hier irrte Fontane, der als Sohn eines Apothekers sehr unwillig dessen Beruf erlernen und eine Weile ausüben musste. Auch ist die Glaubensbüchse nicht die größte, sondern die kleinste und als einzige aus Glas. Der Glaube eines Menschen ist eben höchst zerbrechlich, weshalb die größte Büchse das Etikett „Gnade" trägt.

Verlässt man die Kirche, bieten sich weitere Gelegenheiten, über Bildnisse ins Grübeln zu kommen. Rechter Hand findet man eine Friedensbotschaft aus Coventry, die ein Gemeindeglied aus England mitgebracht hat. Daneben steht eine Stahlglocke aus der Nachkriegszeit auf dem Boden, die auf Dauer für den Turm zu schwer war, mit weiteren zum Frieden mahnenden Inschriften. Auf der anderen Seite der Kirche, am Anfang des Friedhofs begegnet man einem neueren Denkmal gegen Krieg und Gewalt – und gleich daneben einem Mahnmal, vor dem man länger stehen bleiben muss. Es ist Opfern des stalinistischen Terrors gewidmet. In Werder hatte eine kleine Gruppe junger Menschen 1951 mit Flugblättern und heimlich verteilten Zeitschriften gegen die neue Diktatur protestiert. Sie und andere willkürlich ausgewählte junge Männer und Frauen – insgesamt dreißig – wurden sehr bald verhaftet. Acht von ihnen kamen nie zurück. Was aus ihnen geworden war, blieb lange unbekannt. Erst nach der Friedlichen Revolution kam es heraus: Sie waren nach Moskau verschleppt, dort 1952 hingerichtet und in einem Massengrab verscharrt worden.

Nun erinnert vor der Werderaner Kirche eine Skulptur an sie. Sie soll eine trauernde Mutter darstellen: eine kniende und in einem Tuch gefangene Gestalt, wie in einen Sack gesteckt, gesichtslos, vom Erstickungstod bedroht. Sie nimmt einem für einen Moment den Atem, ebenso wie der schroffe Begleittext auf den Metallplatten am Boden. Diese führen die Namen der acht Opfer auf und erklären: „Ihr wolltet nur Freiheit, Demokratie und Gerechtigkeit! Die Stasi hat euch eingesperrt, gefoltert und Geständnisse erzwungen. Ihr wurdet vom sowjetischen Militärtribunal zum Tode verurteilt, in Moskau hingerichtet und eure Asche im Massengrab verscharrt! Wir werden euch immer ehren und bitten: Nicht zu vergessen!" So viele Gedenkorte für die Opfer des Stalinismus gibt es in Deutschland nicht. Deshalb ist es angemessen, dass auf diesem Kirchhof an die Werderaner erinnert wird, die ihm zum Opfer gefallen sind. Aber wäre es nicht auch die Aufgabe eines christlichen Gedenk-Bildes, zumindest eine Ahnung von Frieden und Versöhnung, einen Sinn für Trost und Hoffnung zu eröffnen? Wäre das nicht seine eigentliche, doppelte Aufgabe: an den Schmerz zu erinnern und ihn zugleich in etwas Höheres aufzuheben?

Mahnende Erinnerung: das Denkmal für die Opfer des Stalinismus auf dem Friedhof vor der Kirche

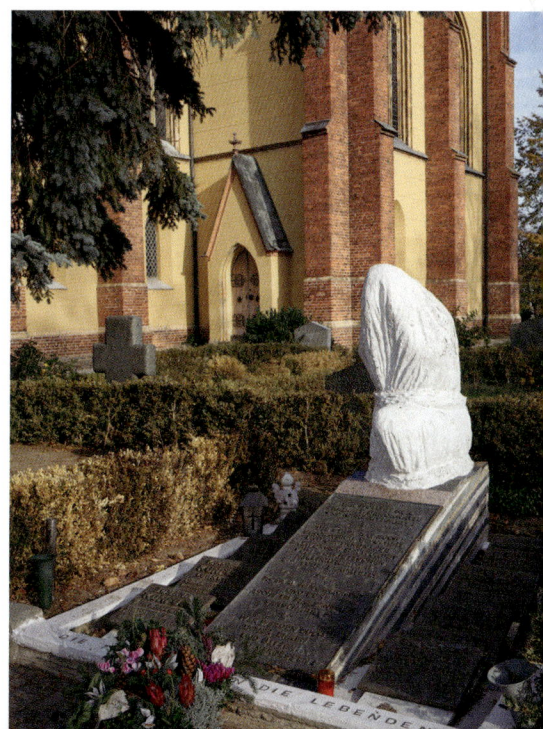

ZUM KIRCHENBAU
Die Heilgeistkirche in Werder

Die Werderaner Heilig-Geist-Kirche, die heute weithin sichtbar als das Wahrzeichen des kleinen Inselstädtchens fungiert, hat eine lange Vorgeschichte. Schon die Zisterzienser der 1180 im nahe gelegenen Lehnin gegründeten Abtei fassten hier 1250 Fuß und errichteten eine Kirche, die bis in das 18. Jahrhundert hinein stand, ehe sie 1736 durch einen Neubau ersetzt wurde. Diesem war kein langes Leben beschieden. Auf Anraten Friedrich Wilhelms IV. entstand 1856 bis 1858 eine neue – die heutige Heilig-Geist-Kirche – als neogotischer Bau auf kreuzförmigem Grundriss mit eingezogener Apsis, schlanken Chorflankentürmen und dem Ehrfurcht einflößenden, hohen Westturm mit seinem steilen, verschieferten Helm. Die Wandflächen sind sandgelb verputzt, während die Strebepfeiler, Lisenen und sonstigen äußerlichen Schmuckformen materialsichtig geblieben sind und den roten Klinkerstein kontrastreich zur Wirkung kommen lassen.

Das weiträumige Langhaus mit der dreiseitig umlaufenden Empore wird von einer getäfelten Holzbalkendecke abgeschlossen. Die Apsis und das Vorjoch werden von einem Kreuzrippengewölbe überspannt und sind mit einem Sternenhimmel ausgemalt. Im Scheitel des Apsisgewölbes ist anstelle des Schlusssteins eine Taube als Symbol des Heiligen Geistes. Die farbigen Glasfenster in der Apsis zeigen links Matthäus und Markus, rechts Lukas und Johannes und in der Mitte die Himmelfahrt Christi. Angefertigt wurden sie um 1910 von der damals in Frankfurt am Main ansässigen Kunstanstalt J. und Alexander Linnemann (1839–1902).

Die sonstigen Ausstattungsstücke stammen größtenteils aus der Erbauungszeit. Der Altar hat die Form eines Altarziboriums – ein Altar mit Säulenbaldachin, der die die typischen Verzierungen der Neogotik trägt. Oberhalb der vier Säulenkapitele umstehen auf Konsolen vollplastisch figuriert die Apostel Petrus, Paulus, Phillippus und Jacobus das große Altarkreuz. Die Kanzel mit Portraits von Martin Luther, Philipp Melanchthon, Johannes Calvin, Augustin und Origenes stammt von dem Berliner Bildhauer Friedrich Wilhelm Dankberg (1819–1866), der auch viel im benachbarten Potsdam an der Friedens- und der Nikolaikirche sowie am Triumphtor am Müh-

Gebaute Sehnsucht nach Größe:
die Stadtkirche mit ihrem kraftvollen
Westturm und den Chorflankentürmen

Der Innenraum der Stadtkirche: in der durchlichteten Apsis der Ziborienaltar, wie ihn Friedrich Wilhelm IV. auch für die Friedenskirche in Potsdam Sanssouci bevorzugt hat

lenberg und den Römischen Bädern im Park Sanssouci tätig war. Das Ölgemälde mit der Darstellung von Christus als Seelenarzt oder Apotheker stammt vermutlich noch aus der Vorgängerkirche. Eine sehr ähnliche Fassung dieses im 17. und 18. Jahrhundert beliebten Motivs ist in der acht Kilometer westlich gelegenen Dorfkirche Plötzin zu sehen. Weitere befinden sich unter anderem im Museum der

Universität Würzburg, im Württembergischen Landesmuseum Stuttgart oder im Stadtmuseum St. Pölten.

Die bauzeitliche Orgel stammt aus der Potsdamer Werkstatt von Carl Ludwig Gesell (1809–1867) und wurde 1906 und 1934 durch die Orgelbauwerkstätten Alexander Schuke Potsdam, die aus Gesells Werkstatt hervorgingen, umgebaut.

Wo wohnt das Glück?

Die Dorfkirche und das Königsschloss von Paretz

Fontane war kein Philosoph, aber in seinen „Wanderungen" finden sich Passagen, die einen über Grundfragen des menschlichen Lebens nachdenken lassen, zum Beispiel über das Glück. Was braucht es, um glücklich und zufrieden zu sein, und worauf kann man getrost verzichten? Wo wohnt das Glück? Wie müssen ein Haus oder ein Garten gestaltet sein, um zu Glücksorten zu werden? Wie lang dauert es an, wie schnell kann es zerbrechen und wie erinnert man sich an das Glück, wenn es gestorben ist?

In den Farben des Lichts: die Dorfkirche Paretz als Ort der Aussicht und der Einkehr

Über diese sowie viele weitere Glücksfragen kommt man ins Grübeln, wenn man sich von Fontane nach Paretz führen lässt.

Hier steht das Schloss, in dem König Friedrich Wilhelm III. und seine Ehefrau Luise sehr glücklich waren. Obwohl, „Schloss" ist – wie

so häufig in Brandenburg – ein allzu mächtiger und starrer Begriff für etwas, das eigentlich eher ein Landhaus war. Aber genau dieses „nur" ist der Schlüssel zum Glück. Paläste mit ihrer Pracht, dem Reglement, den Repräsentationspflichten, dem Hofstaat mitsamt seiner lächerlichen Politik, all diese glitzernden und bedrückenden Äußerlichkeiten hatten König und Königin schon mehr als genug. In Paretz konnten sie ausnahmsweise sie selbst sein. Weit genug entfernt war es von der Hauptstadt, fast versteckt und abseits der großen, lauten Straßen, neugierigen Blicken entzogen. Hier hatten der menschenscheue König und die lebensnahe Königin ein Zuhause, das ihrem Wesen entsprach: ein schlankes Landhaus, fast ohne Schwellen, damit man einfach hineingehen und schnell hinausspazieren konnte in den umliegenden Park, mit weiten Fenstern, die das Grün der Pflanzen und Bäume, das Blau des Himmels hineinließen.

In dieser natürlichen und offenen Abgeschiedenheit „erblühten dem Königspaare Tage glücklichsten Familienlebens". Hier hatten sie bloß einander, und das war ihnen mehr als genug. Denn höchst ungewöhnlich für ein damaliges Monarchenpaar war es, dass die beiden sich wirklich liebten. Sie sprachen voneinander als „meine Frau" und „mein Mann" und bestanden darauf, im selben Zimmer zu schlafen – Bürgerlichkeiten, die herkömmliche Aristokraten skandalös fanden. Doch deren Geschwätz konnte den beiden in Paretz gleichgültig sein. In ihrem Schloss, das man „Still-im-Land" nannte, lebten sie nur füreinander, mit ihrer Familie und wenigen Vertrauten. Während ihrer vielen Schwangerschaften fand Luise hier die nötige Ruhe, hier konnten die Königskinder so spielen, wie es ihnen in der Residenzstadt nicht möglich war (Fontanes Großvater väterlicherseits war übrigens eine Zeitlang ihr Zeichenlehrer). Zu dieser fröhlichen Freiheit passte das unverstellte, freundliche Zusammenleben mit den Dorfbewohnern. Gemeinsamer Jahreshöhepunkt war das Erntedankfest: Da mischte sich die Königin „in die lustigsten Tänze". So etwas wäre im Schloss des Vorvorgängers von Friedrich Wilhelm III., im nur zwanzig Kilometer entfernten Sanssouci des großen Menschenfeindes Friedrich II. undenkbar gewesen. Wie aber kommt es, dass heute die Touristenmassen dorthin fahren und nur wenige den Weg nach Paretz finden?

Schräg gegenüber zum Schloss „Still-im-Land" befindet sich im Park eine kleine Kirche. Ihr besonderer Reiz, so meinte Fontane, lebe „von der „Phantasie, die geschichtskundig das Schloss mit Leben und Gestalten füllt". Wer sie besucht, sollte sich deshalb vorstellen, wie der König mit seinem Architekten David Gilly ihre Sanierung und Neugestaltung besprach, wie dann das Königspaar zum ersten Mal in die wieder hergestellte Kirche einzog, wie sie ihre neuartige Schönheit – sie war eine der allerersten neugotischen Sakralbauten – bestaunten, eine Schönheit, die ihre Größe im Kleinen zeigt, wie sie hier regelmäßig und gemeinsam mit den Dorfbewohnern Gottesdienst feierten. Ob die beiden dabei im Stillen Dank für ihr Glück gesagt haben?

Dieses fand ein abruptes Ende. 1806 fiel Preußen der Jahrhundertkatastrophe namens Napoleon zum Opfer. Militärisch vernichtend geschlagen, verlor der Staat seine Souveränität und die Hälfte seines Gebiets. In dieser dunklen Zeit sahen viele in Luise eine Trösterin, die Mutter eines zerstörten Landes. Doch auch dieser emotionale Halt wurde ihnen genommen. Nachdem sie am 20. Mai 1810 noch ein letztes Mal in Paretz gewesen war, starb Luise am 19. Juli mit nur 34 Jahren. So verschmolz ihre persönliche Tragödie mit dem Unglück ihres Königreichs. Doch auch Unglück währt nicht ewig. In der Völkerschlacht bei Leipzig konnte Napoleon 1813 eine schwere Niederlage zugefügt werden, zwei Jahre später wurde er bei Waterloo endgültig besiegt. Für manche Preußen verband sich die Erinnerung an die geliebte Königin mit der Wiederherstellung ihres Königreichs.

Davon zeugt das wichtigste Bild in der Kirche von Paretz. Man findet es in der kleinen Königsloge seitlich vom Altar. Geschaffen hat es Johann Gottfried Schadow schon ein Jahr nach Luises Tod. Viele, viele Luisen-Denkmäler sollten in der Folgezeit im Land errichtet werden. Aber dieses Trauerbild ist das schönste und zugleich seltsamste von ihnen. Auf eine schwer zu deutende Weise verbindet es ein christliches mit einem vor- und nachchristlichen Gedenken. Oberhalb der Mitte schwebt die Verstorbene wie eine tote Himmelskönigin dem Sternenglanz der Ewigkeit entgegen – ziemlich katholisch für eine Protestantin – umringt von den christlichen Tugenden Hoffnung, Glaube, Liebe und Treue. Unten verweisen antike Motive auf die Endlichkeit menschlichen Lebens und die Trauer Preußens. Fontane konnte mit dieser Überblendung antiker, mittelalterlicher und romantischer Motive wenig anfangen: „Mehr eigentümlich, als schön. In ihrer Mischung aus christlicher und heidnischer Symbolik ist

Beziehungsreiche Erinnerung an die Königin des Volkes: Schadow zeigt Luise verklärt in marianischer Himmelfahrt

uns die Arbeit kaum noch verständlich, jedenfalls unserem Sinne nicht mehr adäquat. Sie gehört jener wirren Kunstepoche an, wo der Große Fritz in Gefahr war, unter die Heiligen versetzt zu werden… Schadow, sonst von so gutem Geschmack, vergriff sich in diesem Falle. Wir haben Kunstmengerei und Religionsmengerei, alles beieinander."

Wie immer man dieses Relief künstlerisch beurteilt, zeigt sich in Fontanes Kritik ein wacher Widerwille gegen jeden Personenkult. Zwar wusste er Luises „Reinheit, Glanz und schuldloses Dulden" anzuerkennen, aber die maßlose, verkitschte und ideologische Verehrung, die ihr im Laufe der 19. Jahrhunderts

zuwuchs, stieß ihn ab: „Mehr als von der Verleumdung ihrer Feinde hat Luise von der Phrasenhaftigkeit ihrer Verehrer zu leiden gehabt. Sie starb nicht am ‚Unglück ihres Vaterlandes', das sie freilich bitter genug empfand. Übertreibungen, die dem Einzelnen seine Gefühlsregungen zuschreiben wollen, reizen nur zum Widerspruch." Zu Lebzeiten hatten ihre Schönheit, Natürlichkeit und Bürgernähe sie zu einer außergewöhnlich beliebten Königin gemacht. Unmittelbar nach ihrem Tod diente sie als Identifikationsfigur im Krieg, verband sich die Trauer um Verlorenes bald darauf mit dem Stolz auf militärisch Wiedergewonnenes. Fontane musste beobachten, wie die Erinnerung an diese preußische Madonna immer stärker in den politischen Dienst genommen wurde. Doch ist ihm erspart geblieben, deren schlimmste Auswüchse mitzuerleben: Nach dem Ersten Weltkrieg wurde der „Bund Königin Luise" zum Sammelbecken aggressiv-reaktionärer Frauen, das weibliche Gegenstück zum „Stahlhelm".

Steht man heute in der Paretzer Königsloge vor Schadows Luisenrelief denkt man weniger an diese ideologischen Verirrungen als an eine „Königin der Herzen" unserer Zeit: Auch sie war wegen ihrer Schönheit und Freundlichkeit extrem populär gewesen, dann hatte ihr persönliches Unglück und ein früher Tod die Verehrung ins Unermessliche und irgendwie Religiöse gesteigert. Kühle Beobachter runzelten darüber die Stirn, verkannten aber die emotionale Macht, die hier am Werke war.

Leider hat sich kein zweiter Schadow gefunden, um für das Prinzessin Diana-Gedenken ein Bild zu schaffen, vor dem die Trauer still werden kann.

Glücklich waren die Tage, die Luise und Friedrich Wilhelm III. in Paretz verlebten. Glücklich ist aber auch die Rettung dieses einzigartigen Ortes. Schloss, Park und Kirche waren 1945 fast unverändert geblieben. Die DDR widmete das Schloss zur landwirtschaftlichen Kaderschule um. Dadurch wurde sein Äußeres gesichert, dass Innere aber zerstört. Nach der Wiedervereinigung konnte das Schloss saniert und eine gute Anzahl von Wohnräumen rekonstruiert werden. Ein besonderes Glück war die Wiederherstellung der Tapeten: feinsinnige Kunstwerke, die Blumen, Bäume, wunderbare Tiere und China-Träume in das Landschloss hineinzauberten. Auch die kleine Kirche wurde als christlicher Glücksort gerettet.

Doch jedes Glück muss gepflegt und genutzt werden. Deshalb stellt sich nach den erfolgreichen Sanierungen heute die Frage, wie dieser Ort belebt werden kann. Auch wenn die Bewohner sich sehr engagieren, das Schloss offen halten, die Kirche hüten und schmücken, in ihr Gottesdienste feiern und zu Kulturveranstaltungen einladen, bleibt dies ein stiller Ort. Es ist ein Zeichen der heutigen Zeit, dass denen, die schon haben, immer noch mehr gegeben wird. So auch im Tourismus: Die Massen strömen nur zu den Hauptattraktionen. Es sind wenige, die nach Paretz kommen und dort finden, was Fontane hier sah: „Alles Leben und Licht. Das Einzeln fällt, das Ganze bleibt." Paretz hält für wenige ein stilles Glück bereit. Die vielen anderen können ja nach Sanssouci fahren.

Abwechslungsreiche
Vielfalt: das Dekor
der Außenwände
ist wirkungsvoll in
weiß abgesetzt

Schlicht wie eine
Klosterkirche: das
Innere der Dorfkirche
Paretz mit farbigem
Rundfenster

ZUM KIRCHENBAU
Die Dorfkirche in Paretz

Die Dorfkirche in Paretz ist im Ursprung ein gotischer Feldsteinbau, der um einiges kleiner als die heutige Kirche war und dem Brandenburger Domkapitel gehörte. 1797/98 wurden auf Geheiß und eigene Kosten der neuen Besitzer des Gutes Paretz, Friedrich Wilhelm III. (1770–1840) und seiner Frau Luise von Mecklenburg-Strelitz (1776–1810), an der Kirche querschiffartige Anbauten zugunsten eines kreuzförmigen Grundrisses hinzugefügt und die Kirche damit wesentlich vergrößert. Die Planungen dafür stammten von einem hugenottischen Architekten, dem Geheimen Oberbaurat David Gilly (1748–1808). Er war auch für das frühklassizistische Schloss im Ort und das in Bad Freienwalde im Oderland verantwortlich.

1856/57 gestaltete Friedrich August Stüler das schlanke, den rechteckigen Chor aufhellende Fenster um, zwei weitere kamen im Schiff hinzu, um den Innenraum lichter zu gestalten. Mit diesen Umbauten, dem leuchtenden Blendmaßwerk und den Rosetten am Turm und den Giebeln der Anbauten wurde die Kirche ein frühes Beispiel der Neogotik in Brandenburg. Dabei musste der zwischen 1725 und 1727 entstandene Kanzelaltar des Tischlermeisters Christoph Frentsche einem einfachen Altartisch weichen. Christoff Frentsche hatte seinerzeit für mehrere Kirchen der Region gearbeitet, unter anderem für seine Heimatkirche St. Petri Ketzin (1712/13) sowie die Dorfkirchen in Gortz (1724), Buckow (1734) und Bamme (1735) bei Nennhausen.

Der Innenraum ist mit einem spitz zulaufenden Tonnengewölbe überspannt und mit einer illusionistischen Grisaille-Malerei nach den Ideen David Gillys versehen. Neben der mittelalterlichen Wandmalerei im Chorraum sind die Glasmalereien und Gemälde des 18. und 19. Jahrhunderts bemerkenswert – unter anderem das Altarbild „Christus mit vier Aposteln", das der Berliner Maler Karl Wilhelm Wach (1787–1845) zwanzigjährig schuf: links und rechts neben Jesus stehen Markus mit der Feder und der bartlose Johannes, abgesetzt außerdem Petrus und Paulus.

Besondere Aufmerksamkeit verdient das 1811/12 geschaffene Terrakottarelief von Johann Gottfried Schadow (1764–1850), dem

Die Chorgiebel der Kirche: einer der ältesten Teile der Kirche mit dem Stüler-Fenster

Mit Raum für den
Gedanken: der zurück-
haltend gestaltete
Innenaum der Kirche
mit dem Altar, dem
Chorfenster und den
alten Wandmalereien

bedeutendsten deutschen klassizistischen Bildhauer, der mit dem Doppelstandbild der Prinzessinnen Luise und Friederike von Preußen (1795–1797) berühmt wurde und mit dem Denkmal für Martin Luther auf dem Marktplatz der Lutherstadt Wittenberg (1821) auch das erste Standbild eines Nichtadeligen in Deutschland geschaffen hat. Das Relief zeigt die früh verstorbene Königin in himmelwärts auffahrender Verklärung, umgeben von vier Tugenden – links Hoffnung und Liebe, rechts Glaube und Treue. Darunter steht in der Mitte der geflügelte Todesengel und löscht die Fackel des Lebens auf der Weltkugel in Hohen Zieritz, wo die beliebte Königin starb. Links daneben trauert Borussia, die weibliche Personifizierung Preußens, mit dem Attribut des Adlers, rechts in sich versunken Brennus, der mythische Gründervater Brandenburgs, mit dem Bären.

Wenn man durch Theodor Fontanes Werk wandert oder mit ihm auf Schusters Rappen durchs Gefilde zieht, sind Landschaften, Schlösser und Gärten, Kirchen und Friedhöfe wesentlich eingebunden in seinen Blick auf die Zeit und in die Welt. Gewöhnlich ist die Neugierde groß genug, nicht nur drum herum und weiter, sondern auch hinein zu gehen – dann offenbart Fontane über die gewöhnliche Wandererneugierde hinaus seine besonderen Freuden: die am Bild. Es scheint, als würde das klar bemessene Ausschreiten in Erwartung eines Kunstwerkes unmerklich schneller werden und der Gang von einer lebhaft pulsenden Lust befallen, die sich der sonstigen Zurückhaltung entzieht. Die Augen dürsten doppelt, bis das Ziel erreicht ist … – „Bilder und immer wieder Bilder" haben mit den Worten der Hauptprotagonistin des gleichnamigen Romans „Cécile" großen Anteil an Fontanes Werk.

Vor einem dieser Bilder angelangt, kann man Urteile erwarten, die einen manchmal in ihrer Sorgfalt und Aufmerksamkeit erstaunen, manchmal auch gehörig befremden. Schnell wird deutlich: ein nüchtern analytischer Seher ist Theodor Fontane eher nicht. In jedem Falle aber ist es eine über die Korrespondentenjahre in England, in unzähligen Ausstellungen, Salons und Künstlerkreisen entwickelte Kennerschaft, die dem Bewunderer von Linie, Strich und Farbe, Format und Materialität das Rüstzeug zum Urteil mitgibt und uns in die Kunst einführt. Das ist ein exklusiver Mehrwert, den Fontane in seinem Werk bietet – vorzüglich die Kunst seiner Zeit liegt vor uns offen, der er sich in einer Art annimmt, wie es Gräfin Melusine am Ende des „Stech-lin" wünscht: „Alles Alte, soweit es Anspruch darauf hat, sollen wir lieben, aber für das Neue sollen wir recht eigentlich leben." Die Kunst seiner Zeit – das sind die Nazarener um Friedrich Overbeck und Peter von Cornelius und vor allem die englischen Präraffeliten um William Holman Hunt, die Fontane in ihrer Unmittelbarkeit eher als Antiraffaeliten lobt: „An alles herantretend vom Men-

Malerei der Romantik: Fontane schätzte das Werk des Zeitgenossen Ludwig Richter (1803–1884). Frühlingslandschaft mit Liebespaar und Hirten, um 1850

schenantlitz bis herab zum Moos und Stein, zeihen sie die Kunst eine Art Lüge und sprechen die Notwendigkeit aus, erst wieder selbst unbeeinflusst sehen zu lernen." Und schließlich die Realisten. Hier wie da zeigt sich Fontane als Kenner und Bekenner sowohl zur die christliche Ikonografie neu aufleben lassenden symbolgeladenen Malerei der dafür oft belächelten Nazarener und Präraffaeliten als

auch der wirkmächtigen Realisten. Dabei spannen sich Vorliebe, Verehrung und Verteidigung von Ludwig Richter, über den er sagt „Von Ludwig Richter ist alles schön," über Carl Blechen, den er im Ruppiner Kapitel der Wanderungen den „großen Landschafter" und Schöpfer „epochemachender Bilder" nennt, bis zu dem noch heute hoch gefeierten William Turner, dessen Bildkraft er erkennt,

Adolph von Menzel (1815–1905): Hofball auf Schloss Rheinsberg, 1862.
Auch Menzels Lebensdaten umspannen das 19. Jahrhundert. Wenn
Fontane der Erzähler von Preußens Geschichte und Gesellschaft ist,
dann ist Menzels Realismus die Malerei dazu

während ihn andere noch verspotten, weil „der, wie Schinkel, es verstand, mit zwölf Strichen und ebenso vielen Punkten ein ganzes Landschaftsbild zu geben." Und Adolph Menzel. Natürlich Adolph Menzel.

In der Bandbreite dieser Maler und ihrer Werke sieht Fontane ein entscheidend gemeinsames: Sie zeichnen das Leben in seiner Vielschichtigkeit klarer, als es das Leben im aktiven Moment zu erkennen gibt. In jedem ihrer Bilder steckt so ein großer Symbolgehalt, so viel Realität und Idealität, dass sie ex-

emplarisch sind für sein Kunstverständnis. Die Kunst muss realistisch sein, indem sie ein Abbild des Alltags ist. Aber sie darf sich nicht darauf beschränken. Sie muss sich auch mitteilen und ihre Erzählung offen halten – so offen, dass wir hineingenommen werden und eingeladen sind, die Szene in uns und weiter zu bewegen. Diese Form der Ansprache durch die Kunst scheint Fontane ungeheuer wichtig. Dabei darf das nie vordergründig, nie appellativ sein. Im Gegenteil: wie nebenbei und ohne Aufhebens – wie die Kunsthistoriker sagen:

als hidden bzw. disguised symbol – also versteckt bzw. verkleidet und beiläufig soll dies geschehen. Warum sonst würde er derartige Bildmotive wie das Werderaner Bild „Jesus als Apotheker" so brüsk ablehnen? Adolph Menzel, Fontanes gefühlter Alter Ego, macht es vor – er malt das lebendig Wirkliche mit seinen Abseiten, die nebensächlich fungieren, aber hauptsächlich werden – etwa in der von Fontane hoch gelobten „König Friedrichs II. Tafelrunde in Sanssouci" oder in einer der Wegmarken der Zeit, im „Eisenwalzwerk". Fontane legt Professor Schmidt in „Frau Jenny Treibel" für diese Form eine klärende Bemerkung in den Mund: „Das Nebensächliche, so viel ist richtig, gilt nichts, wenn es bloß nebensächlich ist, wenn nichts drin steckt. Steckt aber was drin, dann ist es die Hauptsache, denn es gibt einem dann immer das eigentlich Menschliche."

Ebenso spannend ist, wie Fontane diesen Blick auf Bilder in die eigene Sprache einwebt und seine Romane nur scheinbar absichtslos detailreich selbst bebildert. Blickt man auf die von christlichen Symbolen getragene Themenwelt der Präraffaeliten, präsent im englischen Maler und Dichter Dante Gabriel Rossetti und dessen „Kindheit der Jungfrau Maria" in der Tate Gallery London oder die vermeintlichen Idyllen Ludwig Richters, wie dessen berühmter „Brautzug" im Albertinum in Dresden, findet sich solche malerische Komposition in der Dramaturgie Fontanes wieder. Öffnen diese Bilder, die Fontane zweifellos gekannt hat, nicht die Tür zum Verständnis von „Effi Briest" und zu Fontanes Kritik am Ehebegriff seiner Zeit? Ganz im Sinne dezenter Beiläufigkeit werden die Marien-

und Ehebildnisse literarisch eingewebt in die heile und behütete Welt Effis. Sie wird von ihrer Mutter als die Auserwählte benannt, nimmt dies verwundert aber gehorsam an und handelt danach. So tauscht sie die elterliche Behütung gegen die Einordnung in der Ehe. Hier setzt Fontanes Kritik ein, denn diese Ehe ist aus christlichem Verständnis heraus ein Herrschen und Dienen. Der Mann ist der gebietende Hausvorstand, die Frau die gehorsame keusche Magd. Christus und Maria. Problematisch ist freilich, dass Effi in ihrem Wesen auch eine Eva ist. Diese aber kommt im konventionellen christlichen Ehebild nicht vor. Das spürt Effi selbst im Bemühen, ihrer Rolle gerecht zu werden. Und scheitert daran.

Wie es andere lesen mögen? Nun – was im Leben erfahrbar ist, gilt auch für die Kunst – oder, um den alten Dubslav von Stechlin selbst einmal zu bemühen: „Unanfechtbare Wahrheiten gibt es überhaupt nicht, und wenn es welche gibt, so sind sie langweilig."

Überlass es der Zeit

Erscheint dir etwas unerhört,
Bist du tiefsten Herzens empört,
Bäume nicht auf, versuch`s nicht mit Streit,
Berühr es nicht, überlass es der Zeit.

Am ersten Tag wirst du feige dich schelten,
Am zweiten lässt du dein Schweigen schon gelten,
Am dritten hast du`s überwunden;
Alles ist wichtig nur auf Stunden,
Ärger ist Zehrer und Lebensvergifter,
Zeit ist Balsam und Friedensstifter.

IM ODERBRUCH

„Das Bruch ist ein Bauernland, eine Art Dithmarschen; aber adlige Güter blicken rundum, wie von hoher Warte, in das schöne, fruchtbare Bruchland hinein."

Theodor Fontane

Der gestirnte Himmel über mir
St. Nikolai und die Synagoge von Bad Freienwalde

In der Mark Brandenburg gibt es einen heimlichen Wettbewerb: Wer darf sich „die wahre Fontane-Stadt" nennen? Natürlich hebt die Geburtsstadt Neuruppin als erste den Finger. Sofort melden sich auch andere. Bad Freienwalde sollte da nicht außen vor bleiben. Denn mehrfach hat Fontane diese Stadt besucht, ausführlich über sie geschrieben. Hier lebte sein Vater, hier liegt er begraben. Doch besser noch als mitzustreiten, wäre es, wenn Bad Freienwalde auf die Fülle seiner literarischen Erbschaften hinwiese. Man denke nur an diese Verse von Mascha Kaléko: „Jetzt müsste man in einer Kleinstadt sein / mit einem alten Marktplatz in der Mitte … / wo vor dem Rathaus rostge Brunnen stehen … / wo alte Höfe unentdeckt noch träumen … / und etwas abseits gibt's noch Einsamkeit…" Man könnte auf Heimatdichter wie Karl Weise hinweisen oder auf Walther Rathenau, den überlebensgroßen Industriellen, Politiker und politischen Schriftsteller, der einmal das hiesige Schloss besessen hatte. Doch der erinnerungswürdigste literarische Sohn dieser Stadt ist wohl Hans Keilson.

1909 wurde Hans Keilson hier als Kind einer jüdischen Familie geboren. Direkt am Markt, gegenüber von St. Nikolai wuchs er auf. Im Berlin der Weimarer Republik schrieb er Romane, musizierte und studierte Medizin. Aus NS-Deutschland floh er in die Niederlande. Seine Eltern wurden in Auschwitz ermordet, er tauchte unter, überlebte. Nach Terror und Krieg widmete er sich als Psychotherapeut jüdischen Kindern, wurde zum Mitbegründer der Trauma-Psychologie. Nach der Wiedervereinigung kehrte er häufig in seine Heimatstadt zurück, die ihn zum Ehrenbürger

Mit dem besonderen Charme vergangener Jahrhunderte: die dem Gabenbringer Nikolaus geweihte Stadtkirche in Bad Freienwalde

ernannte. 2011 starb er mit 101 Jahren. Kurz vorher schrieb er eines der schönsten, schmalsten Erinnerungsbücher deutscher Sprache: „Da steht mein Haus". Darin erzählt er von Kindheit und Jugend in der Kurstadt, der Liebe zum Oderbruch, Anfeindungen, aber auch von Kirchenmusik.

„Im Es-war-einmal der Erinnerung gibt es hellere und dunklere Spuren unter drohendem Gewölk. ‚Das ist der neue Organist der Nikolaikirche,' sagte meine Mutter und wies auf Edgar Rabsch, einen langen, schlanken, eine Hornbrille tragenden Mann, Mitte dreißig, mit rundem Hut und schlaksigen, flat-

ternden Bewegungen, unter dem Arm eine volle Aktenmappe, auf dem Weg zur Kirche. Eines Tages erschien er im Geschäft meines Vaters und fragte meine Eltern, ob es ihnen genehm sei, wenn ich unter seiner Leitung an Konzerten in der benachbarten protestantischen Kirche, auch während der Gottesdienste, im Chor mitsänge. Rabsch gehörte zu den fünf bis zehn Einwohnern Ninives meiner Wahl. Meine Eltern, kleine Geschäftsleute, führten ihr ehrbares, von äußeren Zwängen bedrohtes Leben, liberal gelöst von der jüdischen Orthodoxie, im Bewusstsein ihrer inneren und äußeren Zugehörigkeit zur gleichgestimmten Gruppe, der sie

entstammten, und zugleich im Geiste der Maxime ‚Der gestirnte Himmel über mir und das moralische Gesetz in mir‘, obwohl sie Kant nie gelesen haben. Sie hatte keine Einwände gegen meine Teilnahme.“

Wer Bad Freienwalde besucht, sollte zuerst zu Keilsons Geburtshaus gegenüber der Nikolaikirche gehen, und dann einige Schritte hinunter dorthin, wo die Synagoge stand, in der er seine Bar Mitzwa feierte. Das kleine Bethaus neben der „Judentreppe“, am Rande der Altstadt wurde in der Reichspogromnacht 1938 zerstört. In der DDR scherte man sich nicht um diesen Ort. Heute findet man dort

Das Netz ausgeworfen in den Himmel: das mit Sternen geschmückte Netzgewölbe der Stadtkirche Bad Freienwalde

Wenn man sucht, trifft man ihn auch vor der Tür: ein Engel in St. Nikolai. Der Taufengel von 1704 stammt ursprünglich aus der Kirche von Bliesheim

ein sensibel gestaltetes Denkmal, das noch von Marita Keilson-Lauritz, der Witwe, eingeweiht wurde. Eine Stahlskulptur begrüßt die Besucher wie eine offene Tür, Steine erinnern an die ehemalige Mikwe und laden zum Verweilen ein, zwölf Bäume daneben erinnern an die Stämme Israels. Von hier aus kann man zurück zur Nikolaikirche gehen, so wie es Mitglieder der Kirchengemeinde an jedem 9. November tun. Gemeinsam mit Vertretern der Stadt gedenken sie am Denkmal des Pogroms, ziehen dann mit Kerzen zur alten Kirche, um dort ein Friedensgebet zu halten. Einige Freienwalder gehen mit, andere schauen der stillen Prozession zu und bekommen so etwas zum Nachdenken.

Die Kirche St. Nikolai, in der der junge Keilson Bach-Kantaten sang, hat Fontane eingehend beschrieben. Sie geht auf eine Feldsteinkirche aus dem 13. Jahrhundert zurück. Als Nikolauskirche steht sie wie viele Namensgeschwisterkirchen in Europa für den wirtschaftlichen Aufschwung des Mittelalters. Denn Nikolaus war der Patron der Kaufleute. Überall wo sie erfolgreich wurden, bauten sie ihm zur Ehre eine Kirche. Altehrwürdig wirkt St. Nikolai von außen, von innen wie schon vom Alter gebeugt. Ungewöhnlich reich ist die Ausstattung. Der Altar aus dem frühen 17.

Jahrhundert ist ein Prachtstück. Davor steht ein Taufstein noch aus romanischer Zeit. Er dürfte zur Erstausstattung gehört haben. Später wurde dem archaischen Stein ein freundlicher Taufengel zur Seite gestellt.

Fontane besaß einen Sinn für eigentümliche Details. Deshalb widmete er sich aufmerksam zwei Gemälden, die rechts neben dem Altar

Einladung zur Erinnerung: das Denkmal am Eingang der ehemaligen Synagoge der Stadt

Im lebendigen Spiel: Bildnis des
kleinen Caspar von Uchtenhagen im Leben
mit seinem Hund

Am Ende des jungen Lebens: Bildnis des
kleinen Caspar von Uchtenhagen im Tod
im blumenbestreuten Sarg

hängen. Das erste zeigt den vierjährigen Caspar von Uchtenhagen, den letzten Sohn des
Geschlechts, das die Stadt seit 1373 beherrscht hatte. Fontane beschreibt den Knaben so: „blass, durchsichtig, mit schmalen
Lippen und rotblondem Haar, ein feines Köpfchen, klug, und durchgeistigt, aber wie vorausbestimmt zu Leid und frühem Tod. Seine
Kleidung zeigt reicher Leute Kind. In der
Rechten hält er eine schöne, große Birne,
während ein Bologneser Hündchen bittend,
liebkosend an ihm emporspringt."

Zu diesem Gemälde gibt es eine Legende:
„Einer der Lehnsvetter des Hauses, voll Verlangen nach dem Besitze der Uchtenhagens,
wusste dem Knaben eine prächtige Goldbirne
zu reichen, die mit einem langsamen Gifte
vergiftet war. Ein Bologneser Hündchen, das
den Knaben auf Schritt und Tritt zu begleiten

pflegte, sprang, als dieser die Birne essen
wollte, an ihm herauf, halb liebkosend, halb
geängstigt, um dem Knaben mit der Vorderpfote die Birne aus der Hand zu reißen, aber
Kaspar nannte ihn lachend ein ‚neidisches
Tier' und aß die Birne. Eine Traurigkeit begann alsbald den Knaben zu beschleichen,
seine Lebendigkeit verlor sich und sein Auge
wurde matt. So verging er wie eine Blume.
Seine Mutter saß in der Sterbestunde an seinem Bett; da richtete er sich noch einmal auf,
küsste der Mutter die Hand und sprach sterbend, aber leise-vernehmlich vor sich hin:
‚Alle Liebe ist nicht stark genug, / Ich muss
doch sterben und bin so jung.'"

Dass diese Geschichte nicht stimmen kann,
zeigt das zweite Gemälde. Auf ihm ist Caspar
gut fünf Jahre später zu sehen. Er liegt „blass
und die Ruhe des Todes auf der Stirn, im offe-

Caspar von Uchtenhagen auch hier? Jesus mit einem Kind in der Abendmahlsszene der Predella des Altars

nen blumenüberstreuten Sarge." Im Alter von neun (und nicht von vier) Jahren ist Caspar 1603 (und zwar nicht aufgrund einer Vergiftung) gestorben. Danach verkaufte der Vater seinen Besitz in Freienwalde. Drei Jahre später starb die Mutter, nach weiteren zwölf Jahren auch der Vater. Sie alle fanden ihren letzten Ort in einem Grab in der Kirche, vor dem Altar. So endete die Geschichte ihres Geschlechts – nein, nicht ganz. Fontane wusste noch von einem regelmäßigen Spuk zu berichten: „Um Mitternacht glühen die Fenster der alten Kirche plötzlich in rotem Lichte auf, und die Gestalt Caspars von Uchtenhagen in weißem Sterbekleide und mit glattanliegendem Haar tritt vor den Altar und spricht leis' aber vernehmlich das Kirchenschiff hinunter: ‚Alle Liebe ist nicht stark genug, / Ich muss doch sterben und bin so jung.'"

Die Geschichte vom vergifteten Caspar ist ein Märchen. Warum wurde es erzählt? Vielleicht weil viele Mütter sich in ihm wiedergefunden haben. Wie viele Freienwalder Frauen mussten in alten Zeiten am Bett eines sterbenden Kindes sitzen, erleben, dass all ihre Liebe nichts ausrichtete, einen Schmerz empfangen, der nicht vergehen sollte? Einige von ihnen mögen mit ganz eigener Anteilnahme Caspars Porträts betrachtet oder auf den Altar

geschaut haben. Unten, auf der Predella, findet sich eine außergewöhnliche Darstellung des Abendmahls: Auf dem Schoß Jesu ist ein Kind – manche wollen in ihm Caspar erkennen.

So ist St. Nikolai, wie Fontane meinte, „das eigentliche und beste Monument des heimgegangenen Geschlechts" der Uchtenhagens – aber nicht nur. In dieser Kirche sollte nicht bloß einer verblichenen Adelsfamilie gedacht werden, sondern aller Kinder, die zu früh sterben mussten, sowie der im Krieg gefallenen Söhne dieser Stadt (an die einige Gedenktafeln erinnern), aber auch an Hans Keilson sollte man denken, der als jüdisches Kind hier im Chor gesungen hat. Was hätte Fontane dazu gesagt? Seine Haltung zum Judentum war ja zwiespältig: Er hatte jüdische Freunde, vertrat eine humane Moral, zeigte jedoch vor allem als alter Mann in Briefen und Tagebuchnotizen eine hässliche Judenfeindlichkeit. Natürlich wusste er nicht, was aus deutschem Judenhass werden sollte.

Eine evangelische Kirchengemeinde der Gegenwart aber muss sich dessen bewusst sein. Deshalb engagiert sich St. Nikolai heute, wenn in der Stadt Hass auf einzelne Menschengruppen laut wird, und tritt für eine menschenfreundliche Gesellschaft ein.

ZUM KIRCHENBAU
St. Nikolai in Bad Freienwalde

Die Stadtpfarrkirche St. Nikolai wurde um 1400 unter Verwendung der Mauern eines Vorgängerbaus errichtet. Der von Strebepfeilern umstellte Chor ist fünfseitig, das Langhaus unter steilem Satteldach einschiffig. Südlich ist ein Seitenschiff angefügt. Der auf quadratischem Grundriss mit oktogonalem Helm aufragende Turm mit weithin sichtbaren weißen Putzblenden steht an der Südwestecke der Kirche.

Die Emporen wurden zwischen 1726 und 1730 eingefügt. 1728 errichtete einer der berühmtesten Orgelbauer des Barock, der „märkische Silbermann" Joachim Wagner (1690–1749), die Orgel. Er verstand es meisterhaft, die fein disponierte norddeutsche Orgeltradition mit der mitteldeutschen Klangpracht zu verbinden, wie es bis heute im Dom St. Peter und Paul in Brandenburg an der Havel oder im Fläming in der St. Marien-Kirche in Treuenbrietzen zu hören ist. Hier in St. Nikolai blieb noch der Prospekt erhalten, der bezeugt, dass

Joachim Wagner auch darauf große Sorgfalt verwandte. Oft sind diese durch Pauken und Trompeten spielende Engel nach schlesischer Tradition geschmückt. Das Instrument selbst wurde bereits 1899 durch Wilhelm Carl Friedrich Sauer (1831–1916), einem der bedeutendsten Orgelbauer der Romantik, ersetzt.

Der durchlichtete Chor mit seinen schlanken Lanzettfenstern wird von einem prachtvollen Sterngewölbe überspannt. Das Rippengewölbe des ungleich dunkleren Hauptschiffes setzt sich aus Netz- und Sternfigurationen zusammen, die sich in kräftigem Rot von den weißen Gewölbekappen absetzen.

Der Altar, ein Meisterwerk der späten Renaissance, 1622/1623 gefertigt, hat in der Achse die klassisch protestantische Bildfolge der Leidens- und Auferstehungsgeschichte Christi mit dem Abendmahl, dem Ecce Homo, der Kreuzigung und Grablegung und schließlich mit dem auferstandenen Christus als Bekrönung. Flankiert werden die Darstellungen von den Aposteln Petrus und Paulus. Bemerkenswert ist die Abendmahlszene in der Predella, dem flachen Untersatz des Altars. Jesus hat hier auch ein schlafendes Kind neben sich. Die Kanzel ist gleichfalls besonders, auf dem Schalldeckel sind als Zeichen des Opfertodes Christi der seine Jungen mit seinem Blut tränkende Pelikan sowie alttestamentarische Prophetien auf das Wirken Christi figuriert, unter anderem Jeremia mit dem Joch (Jeremia 27, 1–6) und Aaron mit dem Stab (4. Buch Mose 17, 16–26). Neben den beiden Ölgemälden mit der Darstellung des Caspar von Uchtenhagen als Kind (1597) und im Tod (1603) gibt es außerdem mehrere Epitaphe und eine pokalartige Tauffünte aus dem 13. Jahrhundert.

Gotische Baukunst: die Stadtkirche
St. Nikolai mit Chorpolygon von Südosten

Die romanische Tauffünte im Chor und der barocke Orgelprospekt, aus dem eine romantisch disponierte Orgel klingt: Vielfalt der Epochen in St. Nikolai

Zwiesprache mit dem Alter Ego
Die Kirche in Buckow und Brechts Sommerhaus

Es soll fromme Christen geben, die sich immer dann, wenn sie selbst nicht weiter wissen, die Frage stellen: „Was würde Jesus tun?" Man wird damit rechnen müssen, dass sie zu sehr unterschiedlichen Antworten kommen. Nun kann man diese Frage einmal spielerisch aufgreifen und fragen: „Was würde Fontane tun?" Zum Beispiel, wenn er heute nach Buckow käme. Was würde er sich hier anschauen, anhören, wovon würde er erzählen? Das ist keine leichte Frage, denn es bedarf hier mehr als nur eines flüchtigen Blickes, um etwas Berichtenswertes zu entdecken.

Nach seinem Besuch vor etwa 150 Jahren hatte Fontane notiert: „Buckow hat einen guten Klang, und bei bloßer Nennung des Namens steigen freundliche Landschaftsbilder auf: Berg und See, Tannenabhänge und Laubholzschluchten, Quellen, die über Kiesel plätschern und Birken, die vom Winde halb entwurzelt, ihre langen Zweige bis in den Waldbach niedertauchen." Die Stadt jedoch beurteilte er weniger freundlich: „Buckow war einmal wohlhabend, aber das ist lange her. Die Häuser kleben wie Nester an Abhängen und Hügelkanten und das Straßenpflaster ist lebensgefährlich. Es weckt die Vorstellung, als

wohnten nur Schmiede und Chirurgen in der Stadt, die schließlich auch leben wollen."

Käme Fontane heute noch einmal vorbei, würde er bemerken, dass das Städtchen inzwischen schön, aber immer noch nicht reich ist. Die wenigen Einwohner müssen weit zu ihrer Arbeit pendeln, dafür genießen die Sommergäste die natürliche Stille. Würde Fontane die ziemlich ordentlichen Straßen entlanggehen, könnte er ein gutsortiertes Antiquariat entdecken und sogar ein Kino. Dann wäre er gleich wieder bei der Kirche von Buckow. Bei seinem ersten Besuch waren ihm der „reiche Altar" und die „mächtigen Glocken" aufgefal-

len. Stiege er noch einmal die steile Treppe empor, die zur Kirche auf dem Hügel führt, könnte er zunächst denken, hier sei alles noch wie damals. Doch wenn er hineinginge, würde er nichts wiedererkennen. Die Kirche wurde kurz vor Kriegsende, am 1. Mai 1945, zerstört. Man hatte die Bevölkerung evakuiert. Als sie zurückkehrte, fand sie ihre Kirche bis auf die Grundmauern niedergebrannt. Wie es dazu gekommen war, wurde nie aufgeklärt. Vernichtet war alles, was Fontane bei seinem ersten Besuch bewundert hatte. Heute würde er einen hohen, stillen, warmen Raum betreten, der ohne künstlerischen Schmuck auskommt. Wie lange würde Fontane hier bleiben? Würde er gleich wieder hinausgehen oder sich setzen und die konzentrierte Schlichtheit genießen?

Doch im Vorraum könnte er seinen Hunger nach gutem Erzählstoff stillen. Dort würde Fontane zwei Bilderrahmen finden, in denen die Geschichten von zwei prägenden Pfarrern der Gemeinde dargestellt sind. Der erste war Pfarrer Erich Andler, der während der NS-Diktatur viel Mut bewiesen hatte. Er schloss sich der Bekennenden Kirche an, besuchte deren erste Synode, hielt solidarisch zu ihrem führenden Vertreter Martin Niemöller, wurde inhaftiert, mit Redeverbot belegt, aber von seiner Gemeinde und ihrem Patron unterstützt. Der zweite war sein Nachfolger Pfarrer Alfred Luckau, der den Wiederaufbau der Kirche vorantrieb und 35 Jahre lang der Gemeinde unter den bitteren Bedingungen der DDR diente. Wie hätte sich Fontane ihren Geschichten angenähert und sie erzählt, welches Bild von ihnen gemalt? Sie hätten doch gut in seine Sammlung eindrucksvoller Brandenbur-

Idyll für Hauptstadtflüchter: das Städtchen Buckow in der märkischen Schweiz

ger Landgeistlicher gepasst. Und was wäre geschehen, wenn er die heutige Pfarrerin der Gemeinde kennengelernt hätte? An eine Ordination von Frauen war zu seiner Zeit ja noch nicht zu denken gewesen. Wie hätte er ihre Berichte über die jetzige Gemeindearbeit (mit elf Kirchen!) aufgenommen, da Christen zwar eine Minderheit sind, die Kirche für ihren Ort aber wichtig bleibt?

Und wohin würde er dann gehen? Vielleicht würde ihm jemand davon erzählen, dass in der Nähe ein berühmter Kollege ein Haus hatte. Das würde ihn bestimmt neugierig machen. So würde Fontane losgehen, um nach gut einer halben Stunde vor dem Sommerhaus von Bertolt Brecht und Helene Weigel zu stehen. Von 1952 bis zu seinem Tod 1956 war Brecht oft hier gewesen. Man kann es ihm nicht verdenken: Diese Villa ist ein Traum, hoch, hell und leicht, von einem paradiesischen Garten umgeben, der zu einem der

schönsten Seen der Welt führt, mit einem kleinen Gartenhaus direkt am See zum Denken und Schreiben. In dieser Idylle erholten Brecht und Weigel sich, arbeiteten, bewirteten sie Gäste.

Was aber würde Fontane denken, wenn er über den Gartenzaun auf diesen privilegierten Ort schauen würde, den der Arbeiter- und Bauernstaat seinem wichtigsten Dichter spendierte? Von solch einer Sommerherrlichkeit hätte der ewig klamme Fontane nie träumen dürfen. Er hat in seinem Leben oft genug politisch geirrt, doch stets darauf geachtet, nicht zum Staatskünstler zu werden. Die wenigen Gelegenheiten dazu ließ er ungenutzt verstreichen, weil ihm die Freiheit zu kostbar war. Der Preis dafür war ein sorgenvolles Leben – vor allem seine Frau Emilie musste ihn bezahlen. Der Gewinn jedoch war ein größerer Abstand zur herrschenden Ideologie. Würde Fontane also am Gartenzaun von Brechts

Hehre Heimstatt:
Bertolt Brechts
staatlich alimentier-
tes Sommerhaus in
Buckow

Zu jeder Jahreszeit Ort
des Behagens: am Ufer
des Buckower Sees

Villa in Buckow stehen, wäre er da neidisch oder würde er einen Spottvers dichten?

Heute dürfen auch gewöhnliche Menschen Brechts Sommerhaus besuchen. Sie sollten sich vor allem die Gedichte ansehen, die auf kleinen Metalltafeln im Garten verteilt sind. Es ist Brechts letzter Zyklus: die „Buckower Elegien". Geschrieben hat er sie im Sommer 1953 – nach dem brutal niedergeschlagenen Volksaufstand vom 17. Juni. Nach seinem Rückzug aus Berlin schrieb Brecht dort in heiterer Sommerfrische Verse, die von vielen als Dokumente ersthafter Selbstprüfung bewundert wurden. Andere stellten die Frage, ob hier ein typisches Sprechmuster eines Partei-Intellektuellen die Grenzen des Sagbaren austestete. Wenn man diese Verse heute liest und dabei den Blick über Villa, Garten und See gleiten lässt, kommt man ins Grübeln. Wie hätte Fontane die „Buckower Elegien" wohl gelesen? Was hätte er über den Kollegen gedacht?

Der Radwechsel
Ich sitze am Straßenhang
Der Fahrer wechselt das Rad.
Ich bin nicht gern, wo ich herkomme.
Ich bin nicht gern, wo ich hinfahre.
Warum sehe ich den Radwechsel
Mit Ungeduld?

Die Lösung
Nach dem Aufstand des 17. Juni
Ließ der Sekretär des Schriftstellerverbands
In der Stalinallee Flugblätter verteilen
Auf denen zu lesen war, daß das Volk
Das Vertrauen der Regierung verscherzt habe
Und es nur durch verdoppelte Arbeit
Zurückerobern könne. Wäre es da
Nicht doch einfacher, die Regierung
Löste das Volk auf und
Wählte ein anderes?

ZUM KIRCHENBAU
Die Stadtpfarrkirche in Buckow

Die Stadtpfarrkirche in Buckow ist ein auf mittelalterlichen Mauern ruhender Saalbau mit polygonalem Chorschluss, der nach rasch aufeinander folgenden Bränden im 17. Jahrhundert entstand. Ein Vorgängerbau wurde um 1300 als Feldsteinbau vermutlich von den aus der nahe gelegenen Abtei in Neuzelle an der Oder stammenden Zisterziensern errichtet. Der heutige Bau geht in seiner barocken Grunddisposition auf einen Berliner Baumeister Matthias zurück, der außerdem eine Gruft für zwei wohlhabende Familien des Ortes anlegte. 1730 wurde der Bau durch drei Strebepfeiler gesichert. Chor und

Wahrzeichen Buckows: der Turm der Stadtpfarrkirche mit Glockengeschoss und Welscher Haube

Protestantisch schlicht und deutungsoffen: der helle Innenraum der Buckower Stadtpfarrkirche

Kirchenschiff sind hell verputzt, der Turm ist backsteinsichtig.

Der auf quadratischem Grundriss ruhende, mehrgeschossige Turm in historistischen neobarocken Formen mit schiefergedeckter welscher Haube wurde 1890/91 auf der Westseite errichtet. Er ist durch Friese und Lisenen gegliedert und hat im Obergeschoss große rundbogige Schalluken, über denen nach drei Seiten eine Uhr die Stunden schlägt. Das direkt in das Kirchenschiff führende Portal im Süden ist von wuchtigen dorischen Pilastern eingefasst, die ein schweres Gebälk tragen. Die in einen Rundbogen eingefasste Tür selbst wirkt darin beinahe zierlich. Das westliche Hauptportal im Turm ist ein von einem Gewände aus rotem Ziegelstein umfangenes schmuckloses Rundbogenportal.

Der Weg in die einschiffige Saalkirche führt an einem obeliskartigen Ehrenmal für die Gefallenen des Deutsch-Französischen Krieges 1870/71 vorbei über Treppen hinauf durch den Turm. Das Innere wird von den klaren weißen Wandflächen und dem dunklen Holzton bestimmt, der auch die flache Holzdecke prägt. Die Reduktion auf diese beiden, nur in den Brauntönen changierenden Farben fördert die meditative Stimmung dieses Ortes, der sich ganz darauf zurück zieht. Die Orgel auf der Westempore trägt über dem Spieltisch die Inschrift „soli deo gloria". Aus der Mitte des Schriftzuges ragen drei kupferfarbene, sich nach oben öffnende Orgelpfeifen empor. Die Emporenbrüstung wölbt sich in der Mitte rundbogig in das Kirchenschiff vor und schafft so Platz für einen Dirigenten oder Vorsänger. Die abgesetzten Kassettenfelder der Brüstung tragen keine Bebilderung oder Beschriftung. Schon 1709 hatte die Kirche eine von Andreas Gottlieb Spieß gebaute Orgel, die um 1900 durch ein Instrument von der Orgelbaufirma Wilhelm Sauer aus Frankfurt an der Oder ersetzt wurde. Nachdem die Kirche im Mai 1945 komplett ausgebrannt war und in den Folgejahren wieder aufgebaut wurde, erhielt sie 1956 die jetzige Orgel der Orgelbaufirma Hermann Eule, die seit 1872 in Bautzen in der Oberlausitz aktiv ist, bis heute Instrumente baut und vor allem auf dem Gebiet der Restaurierung historischer Orgeln tätig ist.

Ein Dorf mit drei Namen und viel Erinnerung
Die Schinkel-Kirche von Neuhardenberg und ihre Gedenkmäler

Eine Kirche ist nie nur eine Kirche. Immer hat sie noch andere Bestimmungen zu der, einer Gottesdienst feiernden Gemeinde Obdach zu bieten. So sind Kirchbauten fast immer auch Gedenkorte, in denen die Erinnerungen ihres Dorfes oder ihrer Stadt zum Denkmal werden. Manchmal liegt darin eine Quelle für harte Fragen und Konflikte, stets aber eine überkirchliche Bedeutung und Verantwortung. In wenigen Kirchbauten kann man das so gut studieren wie in der Schinkel-Kirche von Neuhardenberg. Von Ferne sieht man es diesem hellweißen Bau in klassizistischer Schlichtheit gar nicht an, was für ein außergewöhnlich vielfältiges Gedenken er in sich birgt. Geht man jedoch hinein, weiß man

gar nicht, bei welchem Erinnerungsort man beginnen soll.

Am besten ist es, man fängt auf den Emporen an. Dort hängen auf jeder Seite drei Gedenktafeln für die gefallenen Soldaten aus den Napoleonischen Kriegen 1813/14, dem deutsch-französischen Krieg 1870/71 und dem Ersten Weltkrieg 1914-18. Ihre Gestalt

verdanken sie Karl Friedrich Schinkel, dem Architekten dieser Kirche. Sie wirken nicht machtvoll oder kriegerisch, sondern einfach und dezent, fast elegant – so wie der ganze Raum. Ungewöhnlich erscheint der Bibelvers, der ihr Leitmotiv abgibt. Er stammt aus dem 1. Buch der Makkabäer im Alten Testament: „Ist unsre Zeit gekommen, so wollen wir tapfer unser Leben lassen für die Brüder und unsrer Ehre keine Schande machen."

In vielen Kirchen befanden sich solche Gedenktafeln. In der alten Bundesrepublik kam es etwa seit den 60er und 70er Jahren darüber vielerorts zum Streit. Pastoren und Kirchenvorstände kämpften darum, diese Tafeln und damit die Reste eines militaristisch-nationalistischen Ungeistes zu verbannen. Das rief Widerstände hervor. In der ehemaligen DDR war es etwas anders. Hier wurde alles, was dem staatlich verordneten Gedenken nicht entsprach, an den Rand gedrängt. Wenn man also die Gedenktafeln in den Kirchen beließ, war dies keineswegs ein Zeichen für eine reaktionäre Gesinnung, sondern eher das stillschweigende Übergehen sozialistischer Gedenkvorschriften zugunsten der gefallenen Nachbarn, Freunde und Verwandten, die Opfer vorheriger Systeme geworden waren.

Doch wie geht man heute mit solchen Tafeln um? Man sollte sie zunächst als Zeichen ihrer Zeit betrachten. Dann kann man erken-

Tief verwurzelte Einheit: Kirche, Gut und Schloss Neuhardenberg. Am Rondell mit dem Obelisken kreuzen sich die Ehrenhofachse des Schlosses mit der Lindenallee des langgestreckten Angerdorfes

Zum Gedächtnis: auf den Emporen halten Gedenktafeln die Geschichte wach

Zur Ehre: das Fürsten-Herz in seiner letzten Ruhestatt im Rücken des Altars

nen, dass sie zwar auch militärisch-nationale Machtzeichen waren, aber nicht nur. Sie lassen sich zugleich als Versuche einer Humanisierung des Krieges deuten. Denn bis weit ins 19. Jahrhundert ließ man die gefallenen Soldaten auf dem Schlachtfeld liegen. Ihr Tod wurde nicht registriert, ihre Familien wurden nicht benachrichtigt, nirgends wurde ihrer gedacht. Öffentlich zur Kenntnis genommen und betrauert wurde allein der Tod von Heerführern. Das änderte sich, als man die Wehrpflicht einführte und das alte Söldner- durch das moderne Volksheer ersetzte. Wenn aber von nun an Männer aus der Bevölkerung den Krieg führen sollten, musste die Obrigkeit deren Bedürfnissen entsprechen: also Auskunft darüber geben, welcher Ehemann oder Sohn wie, wann und wo gefallen war, und dafür sorgen, dass jeder Tote ein anständiges Grab erhielt oder, wenn das nicht möglich war, dass zumindest an ihn namentlich erinnert wurde, etwa mit Hilfe kirchlicher Gedenktafeln. Man kann darin eine Demokratisierung

des Gedenkens sehen: Nun war auch der einfache Soldat denkmalwürdig.

An wenigen Orten wird einem dies so deutlich wie auf der Empore der Schinkel-Kirche von Neuhardenberg. Ihr Erbauer, Karl August von Hardenberg, hatte als Staatskanzler gemeinsam mit Heinrich Friedrich Karl vom und zum Stein 1813 eine Heeresreform veranlasst, zu deren Folgen auch gehörte, dass in Kirchen Gedenktafeln für die Gefallenen angebracht wurden. Was für ein Fortschritt dies war, kann einem aufgehen, wenn man die Treppe von der Empore hinunter- und nach vorn zum Taufstein geht. Dort findet man im Boden eingelassen eine Erinnerungstafel für Hardenbergs Vorgänger-Patron, Rittmeister Joachim Bernhard von Prittwitz und seine Ehefrau. Sie stammt noch aus einer Zeit, als in Kirchen nur der hohen Herren – und manchmal auch ihrer Damen – gedacht wurde.

Aber es ist kein Zufall, dass man die Prittwitz-Tafel leicht übersieht. Denn diese Kirche ist vor allem ein Hardenberg'scher Gedenkort.

Auch im Tode vereint: Familienfriedhof derer von Hardenberg auf der Ostseite der Kirche vor der ebenfalls von Schinkel entworfenen Gedächtnishalle

Friedrich II. hatte die Ortschaft, die damals noch Quilitz hieß, 1763 dem Rittmeister von Prittwitz als Dank für eine Heldentat im Krieg geschenkt. Nach einem schrecklichen Brand 1801 stand sein Sohn Friedrich Wilhelm Bernhard vor der Aufgabe, die Kirche sowie den gesamten Ort neu aufzubauen. Den Auftrag dazu gab er an den damals erst 20 Jahre alten Karl Friedrich Schinkel. Er entwarf eine klassizistische Anlage aus Schloss, Park, Kirche und Dorf. Doch das Vorhaben kam lange nicht recht voran. Das lag an zu hohen Kosten, allerlei Konflikten vor Ort und schließlich dem hereinbrechenden Krieg.

1811 gab Prittwitz junior auf und verkaufte diesen Besitz an die Krone. Diese schenkte ihn 1814 dem Staatskanzler Hardenberg als Dank für seine Verdienste um die Neugründung Preußens. Im Bewusstsein seiner eigenen Bedeutung taufte er den Ort in „Neuhardenberg" um und trieb den Aufbau entschieden voran, so dass die neue Kirche am 31. Oktober 1817, zum 300. Jahrestag von Lu-

thers Thesenanschlag, endlich eingeweiht werden konnte: als eine Gemeindekirche und als ein Gedenkort für ihn selbst. Man muss nur die Kirche verlassen und um sie herumgehen, dann findet man an ihrer Rückseite eine Art Mausoleum für den Staatsmann. Unter mächtigen dorischen Säulen liegen unter einer Grabplatte seine Gebeine.

Von einem noch eindrücklicheren, allerdings auch befremdlichen Denkmal für diesen Retter Preußens, der den Leibeigenen, Bürgern und Juden neue Freiheiten gebracht hatte, wusste Fontane zu berichten. Dazu muss man wieder in die Kirche zurückgehen: „Der Altar der Kirche weist eine Sehenswürdigkeit auf: das Herz des Fürsten-Staatskanzlers. Auf einem Kissen ruht es, von einer Glasglocke umschlossen. Der Schrein aber, der das Ganze birgt, trägt an seiner Außenseite folgende Strophe: ‚Des Fürsten Herz, das liebend treu geschlagen / Für seinen König und für's Vaterland, / das – in den schweren blut'gen Kampfestagen, / Wo vielen auch die letzte Hoffnung schwand – / Durch Mut und Weisheit stark, in kühnem Wagen / Des Vaterlandes Ruhm und Rettung fand, / Und nach vollbrachtem Werk, gebaut dem heiligen Worte / Des Herrn den Tempel hier – das ruht an diesem Orte.'"

Eine evangelische Kirche, in deren Altar das Herz ihres wichtigsten Patrons eingelassen wurde (wenn man freundlich fragt, schließen Kirchenführer einem das kleine Türchen an der Rückseite des Altars auf und lassen einen hineinschauen), das erscheint doch seltsam und ein bisschen gruselig Doch Fontane sah darin ein angemessenes Zeichen der Verbundenheit und Hochachtung für einen „auserwählten Mann, dem nach dem Willen Gottes, die Aufgabe zufiel, die Rettung unseres Vaterlandes glücklich durchzuführen. Sein Leben, Vorbild oder nicht, hat uns gerettet. Selbst seine Schwächen leisteten dieser Aufgabe Vorschub. Wie er selber in Bescheidenheit hinzusetzen würde ,durch die Gnade Gottes'."

Die Gedenkgeschichte dieser Kirche geht weiter – im Vorraum. Dort hängen auf der rechten Seite schlichte Holztafeln für die Gefallenen und Vermissten des Zweiten Weltkrieges. In der DDR wurde die Erinnerung an sie ebenso zurückgedrängt wie an diesem Ort das Andenken an die Familie Hardenberg: Der Ort wurde nun in „Marxwalde" umbenannt, das Schloss umfunktioniert, Wappen entfernt. Doch wie gedenkwürdig diese Familie war, zeigt ein Blick auf die linke Seite des Vorraums. Dort befinden sich Tafeln für Carl-Hans von Hardenberg und seine Frau Renate. Dieser Nachfahre des Staatskanzlers hatte sich dem Widerstand gegen die NS-Diktatur angeschlossen und das Attentat auf Hitler am 20. Juli 1940 mitvorbereitet. Als es misslang, ver-

Klassizistischer Glanz: Schiff mit beidseitigen Emporen und Chorraum der Schinkel-Kirche Neuhardenberg

suchte er, sich zu töten – vergeblich, er wurde ins Konzentrationslager Sachsenhausen verschleppt, überlebte, wurde enteignet und vertrieben. 1958 starb er im fernen Frankfurt am Main. Die Familie von Hardenberg bat darum, ihn in seiner alten Heimat beerdigen zu dürfen. Das wurde brüsk abgewiesen. Nichts mehr sollte in „Marxwalde" an die Hardenbergs, die doch gar keine reaktionären „Junker" gewesen waren, erinnern. Doch nach der Wiedervereinigung erhielt der Ort seinen

zweiten Namen zurück, und die sterblichen Reste des Widerstandskämpfers konnten 1991 zu seinem 100. Geburtstag umgebettet werden. Nun liegt er mit seiner Frau und einigen seiner Kinder vor dem Grab ihres berühmten Vorfahren begraben.

An jedem 20. Juli wird hier gemeinsam mit dem Landrat, der Bundeswehr, Menschen aus der Gemeinde und dem Ort eine Andacht gefeiert. Das ist eine Gelegenheit, sich an viele zu erinnern: die Gefallenen all der Kriege des 19. und 20. Jahrhunderts, aber auch an die Opfer aus der Zivilbevölkerung, Kinder und Frauen, nicht zuletzt an die in der NS-Diktatur ermordeten Menschen oder an die in der DDR Verfolgten.

Und wer nach der Andacht zum Schloss geht und dort vor das Grabmal der russischen Soldaten tritt, kann auch an den Schmerz und das Schicksal tausender ehemaliger Feinde denken, die ihre Heimat nie wiedergesehen haben.

ZUM KIRCHENBAU
Die Schinkel-Kirche von Neuhardenberg

Ein Brand vernichtete im Jahr 1801 fast den ganzen Ort, der zu dieser Zeit noch Quilitz hieß, auch die Kirche. Karl Friedrich Schinkel wird mit den Plänen zum Wiederaufbau der Kirche betraut. Bis 1809 entsteht unter Aufsicht des Baumeisters Neubarth aus Wriezen zunächst der neue Baukörper, zwischen 1815 und 1817 richtet Schinkel auch den Innenraum völlig neu aus. Zum 300. Geburtstag der Reformation wird am 31. Oktober 1817 die heute sogenannte Schinkel-Kirche eingeweiht.

Entstanden war ein klassizistischer einschiffiger verputzter Saalbau, den im Westen ein fensterloser Turm auf quadratischem Grundriss mit eigenwillig anmutendem ovalem Glockengeschoss abschließt. Zwischenzeitlich hatte Friedrich Wilhelm III. (1770/ 1797–1840) Quilitz seinem Staatskanzler Carl August von Hardenberg (1750–1822) zum Dank für die Preußen umfänglich modernisierenden Stein-Hardenbergschen Reformen geschenkt, woraufhin das Dorf 1815 in Neuhardenberg umbenannt wurde. Nach dem Tod

Musterbeispiel klassizistischer Raumordnung: der Innenraum der Schinkel-Kirche mit dem in das Gesamtkonzept eingepassten Orgelprospekt

Eigenwillig originell: die Schinkel-Kirche mit dem massiven Turm und seinem ovalen Glockengeschoss

des Staatskanzlers wurde an die Ostseite der Kirche ein Mausoleum für die Familie in Form einer schmalen antiken Säulenhalle dorischer Ordnung mit markanten Eckakroterien angefügt, die unauffälliger auch auf der Eingangsseite zitiert sind. Es stammt ebenfalls von Schinkel. Auf dem abschließenden Gebälk steht in großen Lettern „pio animo posuit filius" – mit gläubiger Seele/in Treue vom Sohn errichtet. Während Mitglieder der Familie von Hardenberg auf dem Gottesacker unmittelbar davor begraben sind, wird das Herz Staatskanzlers von Hardenberg, der 1822 auf der Rückkehr von einem Kongress in Genua starb, auf eigenen Wunsch hin in der Altarmensa aufbewahrt.

Der klar gegliederte und mit hellen weiß-grau-rosa Tönen ausgemalte Innenraum schließt mit einer flachen Decke ab, auf der sich ein aufgemalter Sternenhimmel befindet. Die Bankreihen sind mittig platziert, links und rechts erheben sich umlaufende Emporen. Der halbrunde Chor ist fünfteilig gegliedert. In der Mitte über dem Altar ist die halbrund in den Raum schwingende Kanzel mit gleichfalls halbrundem Schalldeckel, über dem in lichtem Strahlenglanz die Taube des Heiligen Geistes ihre Schwingen öffnet. Während die untere Ebene marmoriert ist, wird die Kanzel links und rechts von den Evangelisten flankiert. Linksseitig sind Matthäus und Marcus, rechts Johannes und Lucas zu sehen. Während Matthäus, Johannes und Lucas von ihren Symbolen Engel, Adler und Stier begleitet werden, fehlt bei Marcus der Löwe.

Den Abschluss zum Gesims und Sternhimmel bildet ein goldenes Band auf dem der Eingangsvers von Psalm 84 steht: Wie lieblich sind deine Wohnungen, Herr Zebaoth. Die Ausmalung des Chorraumes wurde 1822 von dem in Potsdam ansässigen Maler Bertini geschaffen.

Die ursprüngliche Orgel von Johann Simon Buchholz (1758–1825) wurde 1924 durch einen von der Familie Hardenberg gestifteten Neubau ersetzt, der 2004 von der Potsdamer Orgelbaufirma Schuke umfänglich überarbeitet wurde und heute wieder in dem von Karl Friedrich Schinkel entworfenen Prospekt erklingt.

Eine seltene und ganz eminente Frau
Die Kirche von Neukunersdorf und das verlorene Schloss

Es ist mehr als nur ein Spiel mit Worten, wenn man im Oderbruch ins Grübeln über Lebensbrüche gerät. Auch andernorts weiß man von den immensen Überflutungen, die regelmäßig über das erst im 18. Jahrhundert trockengelegte Feuchtgebiet gekommen sind und so vieles zerstörten, was Menschen sich aufgebaut hatten. Weniger bekannt ist, wie verheerend der Zweite Weltkrieg hier in seinen letzten Tagen getobt hat. Eine der letzten, überaus harten und vollkommen sinnlosen Schlachten zwischen der Roten Armee und der Wehrmacht kostete ungezählte Menschen das Leben, die Felder des Oderbruchs waren mit Leichen übersät. Ortschaft um Ortschaft wurde zerstört, so auch Kunersdorf. Die Bevölkerung war zu großen Teilen nach Mecklenburg evakuiert worden, als sie im Juni und Juli 1945 zurückkehrte, fand sie ihre alte Heimat nicht mehr vor. Das Schloss mit seinem Gutsgebäude und die Kirche waren schwer beschädigt, ausgebrannt ebenso wie viele Scheunen und Wohnhäuser. Auf diese erste folgte bald eine zweite Zerstörung. Der neue, von den Sowjets eingesetzte Bürgermeister ließ Schloss und Kirche unter dem Vorwand abbrechen, es würden Steine gebraucht. Doch in Wahrheit ging es ihm nicht um Wiederaufbau, sondern um den endgültigen Systembruch. Was vorher das Leben in Kunersdorf geprägt hatte, sollte nicht mehr sein. Wer heute nach Kunersdorf kommt, wird kaum etwas entdecken, das an das alte Schloss erinnert. Wo früher die Kirche war, steht heute das Feuerwehrhaus.

Wer wissen möchte, was es hier früher einmal gab, kann dies bei Fontane nachlesen. In seinen „Wanderungen" bezeugt er den unerhörten geschichtlichen Reichtum dieses kleinen, abgelegenen Ortes, der allen Klischees über reaktionäre „Junker" widerspricht. Begründet hat ihn eine Frau, die Frau von Friedland. So nannte sich Helene Charlotte von Lestwitz nach ihrer Scheidung und Befreiung aus einer unglücklichen Ehe. Dieser persönliche Lebensbruch sollte zum Anfang eines Wunders werden. Im Jahr 1788 zog Frau von Friedland nach Kunersdorf, um im Schloss mit ihrer Tochter Henriette Charlotte, der späteren Gräfin von Itzenplitz, zu leben und sich ihren Lebensunterhalt selbst zu verdienen. Ein Jahr vor der Französischen Revolution übernahm sie den landwirtschaftlichen Betrieb und unterzog ihn einer Reform, die man revolutionär nennen könnte, wenn sie nicht so unblutig verlaufen wäre. Zeitgenossen, so Fontane, nannten sie „eine seltene und ganz eminente Frau", „eine wahre Mutter ihrer Untergebenen", „nicht bloße eine Landwirtin, sondern eine höchst geistreiche und in allen Dingen unterrichtete Frau", überhaupt „eine der merkwürdigsten Frauen, die je existiert haben". Fontane hob auch „ihr Organisations- und Erziehungstalent" hervor sowie „ihre Gabe, Leute aus dem Bauernstande zu treuen und tüchtigen Verwaltern, Förstern und Jägern heranzubilden", und setzte dieser Aufklärerin mit nur zwei Sätzen ein Denkmal: „Durch Umsicht, Sorgsamkeit und Anspannung aller ihr zur Verfügung stehenden Mittel den Reichtum des Bruchbodens gefördert und seine Naturkräfte lebendig gemacht zu haben, wird immer ein besonderes und nicht zu überschätzendes Verdienst dieser ausgezeichneten Frau bleiben. Was sie tat, wurde Beispiel, weckte Nacheiferung und wurde, wie

Mehr als eine Säulenkolonnade mit Mauernischen: das Erbbegräbnis für die Kunersdorfer Gutsbesitzerfamilien von Lestwitz, von Itzenplitz und von Oppen

Anspielungsreiche Erinnerung: Apfel-Kunst zur Apfel-Ehre auf einem Postament im Schlossgarten

Gemeinsamkeit unter dem Jerusalemkreuz: der schlichte, kuppelüberwölbte Innenraum der Kunersdorfer Kirche

ihr zum Nutzen, so dem ganzen Landesteile zum Segen." Die schönste Frucht ihrer Reform waren die örtlichen Baumschulen, besonders für Apfelbäume.

Zum Glück wurde im Kunersdorf der Frau von Friedland nicht nur gearbeitet. Hier wurde auch Gastfreundschaft gepflegt und genossen. Große Aufklärer wie der Berliner Verleger Friedrich Nicolai oder der evangelische Theologe Johann Joachim Spalding kamen regelmäßig zu Besuch. Doch dieses schöne Leben sollte jäh abbrechen: „Sie starb noch nicht 49 Jahr alt am 23. Februar 1803 infolge einer heftigen Erkältung, die sie sich zu rascher Hülfe herbeieilend, bei einem, in der Nähe von Cunersdorf ausgebrochenen Feuer zugezogen hatte."

Nach dem Zweiten Weltkrieg wurde fast alles, was an die Frau von Friedland und ihre Tochter erinnerte, dem Boden gleich gemacht. Doch es blieb nicht beim Abbruch. Die Kunersdorfer bauten eine neue Kirche. Mit Unterstützung der Kirchenleitung von Berlin, vor allem mit großem Gemeinsinn und hartnäckigem Behauptungswillen machten sie sich an die Arbeit: die alten und die neuen Einwohner. Nach dem Krieg wurden hier fast so viele Flüchtlinge, wie es Alteingesessene gab, angesiedelt. Die meisten von ihnen waren fromme Katholiken aus Schlesien, die sich ein Dorf ohne Kirche nicht vorstellen konnten, selbst wenn sie einer anderen Konfession gehörte. Schon 1951, mitten im Stalinismus, begann das Bauen. Viel geschah in Eigenarbeit: Fundament ausschachten, Steine auf- und abladen, Holz spenden und anliefern. Die alten, protestantischen und die neuen, katholischen Kunersdorfer taten dies gemeinsam.

Wenn es das Wort damals schon gegeben hätte, hätte man dies ein Integrationsprojekt nennen können. Es wurde übrigens auch mit List und Tücke betrieben, die Staatswirtschaft hielt ja wichtige Baustoffe zurück. So fuhr der Pfarrer mehrfach mit seinen Konfirmanden nach West-Berlin, um heimlich in den Rucksäcken versteckt Nägel für die Kuppel nach Hause zu schmuggeln. Pfingsten 1955 war es dann so weit: Die Kirche konnte von Bischof Otto Dibelius eingeweiht werden.

Als Baugrund hatte man ausgerechnet den Friedhof bekommen. Doch war dies kein Nachteil, denn heute liegt die Kirche direkt an einer viel befahrenen Straße. Sie ist deshalb eine der sichtbarsten Kirchen der Mark Brandenburg – und eine der wenigen modernen. Dem Architekt Curt Steinberg gelang es, Tradition und Moderne zu versöhnen: ein stolzer Turm steht neben einer bergenden Kuppel. Diese Kuppel schafft im Inneren einen offenen und hellen Raum. Zu jeder Uhrzeit scheint die Sonne in den runden Bau. Keine Emporen, kein Patronatsgestühl verdunkelt und stört die Einheit der versammelten Gemeinde. Es ist keine reiche Kirche, kostbare Kunst hat sie nicht vorzuweisen, dafür strahlt sie eine warme, harmonische, einladende Konzentration aus.

Lange Zeit war sie eine Simultankirche, genutzt für evangelische und katholische Gottesdienste – bis die katholische Gemeinde zu klein wurde. Aber immer noch ist dies ein Ort, an dem Lebensbrüche bedacht, geteilt und vor Gott gebracht werden können: Krieg, Terror, Flucht und Vertreibung, Enteignung, Unterdrückung, dann Friedliche Revolution, Wiedervereinigung mit neuen Chancen und

neuen Brüchen. Hinter der Kirche hat sich glücklicherweise ein besonderer Erinnerungsort erhalten: die Grabkolonnade für die freien Geister, die hier einmal gelebt haben. Es lohnt sich, die Inschrift für die Frau von Friedland zu entziffern.

Nicht weit von der Kirche entfernt steht ein kleines Denkmal, das an ein literarisches Wunder erinnert. Es hat sich hier zugetragen, als die Tochter der Frau von Friedland, Henriette Charlotte von Itzenplitz, Schlossherrin war. Im Sommer 1813 war Adelbert von Chamisso, französischer Emigrant, ehemaliger preußischer Offizier, Naturforscher und Dichter, ihr Gast. Fontane berichtet davon. Nach seinem Kriegseinsatz gegen Napoleon widmete sich Chamisso „ausschließlich den Wissenschaften, besonders dem Studium der Botanik". Da er kein Geld hatte, kam er nach Kunersdorf, um im Auftrag der Gräfin, eine große Pflanzensammlung anzulegen. Er „verweilte einen Sommer lang in dieser ländlichen Zurückgezogenheit, und unterzog sich seiner Aufgabe mit gewissenhaftem Fleiß. Das von ihm herrührende Herbarium existiert noch. Die Mußestunden gehörten aber der Dichtkunst, und im Cunersdorfer Bibliothekszimmer war es, wo unser Chamisso am offenen

Fenster und den Blick auf den schönen Park gerichtet, den ‚Peter Schlemihl', seine bedeutendste und originellste Arbeit niederschrieb."

Diese Novelle erzählt von Peter Schlemihl, der einem grauen Herrn seinen Schatten verkauft. Dafür erhält er einen Beutel mit Goldstücken, der nie leer wird, so oft man auch hineingreift. Doch muss er feststellen, dass kein Mensch ohne seinen Schatten leben kann. Die anderen haben Angst vor ihm, weichen vor ihm zurück, verhöhnen und verjagen ihn. Nirgends kann er bleiben, ruhelos und in unstillbarer Scham muss er umherirren bis an das Ende seines Lebens. Da hilft ihm all das viele Gold nicht.

Viele Gelehrte haben sich den Kopf darüber zerbrochen, wie diese Geschichte zu deuten ist. Wofür steht der verkaufte Schatten? Für was ist er ein Symbol? Oder ist der Schattenverkauf nur ein Märchenmotiv ohne tiefere Bedeutung? Wer sich Chamissos Emigrantenleben vor Augen hält, kommt nicht umhin, darin auch ein Bild für sein eigenes zu sehen. Ohne Heimat, auf der Flucht und in der Fremde zu sein, ist, als hätte man keinen Schatten. Man hat kein Stück eigenen Bodens, auf das man seinen Schatten werfen könnte.

Wer nach Kunersdorf reist, sollte Chamissos „Peter Schlemihl" dabei haben, sich unter den schattigen Baum neben dem Gedenkstein für den schattenlosen Emigranten setzen, der sich hier tief in die deutsche Literaturgeschichte hineingeschrieben hat, diese Erzählung in einem Zug durchlesen und dabei über all die vielen Lebensbrüche, die zur Geschichte dieses Ortes gehören, nachdenken und darüber, was sie heilen könnte.

Ein Gruß aus der nahen Hauptstadt: die Tür mit Wappen der Berliner Stadtteile aus dem Vorgängerbau von 1937

Schrieb hier seinen berühmten „Peter Schlemihl": der romantische Dichter und Naturforscher Adelbert von Chamisso

ZUM KIRCHENBAU
Kunersdorf

Die Anmerkungen zu Cunersdorf von Fontane sind besonders, weil es die von Fontane beschriebene Kirche heute nicht mehr gibt. Die ursprünglich im Zentrum von Kunersdorf stehende Dorfkirche wurde nach ihrer Zerstörung im Dreißigjährigen Krieg bis 1683 wieder aufgebaut. 1781 wurde die vermutlich marode Fachwerkkirche durch einen Neubau ersetzt. Der Neubau war stilistisch zwischen dem Barock und dem Klassizismus angesiedelt.

1945 wurde diese Kirche in den letzten Kriegstagen zerstört und musste 1948 abgerissen werden. Die heutige Kirche wurde 1950–1955 an einem entlegeneren Platz im Ort nach Plänen von Curt Steinberg (1880–1960) errichtet. Dabei nimmt dieser Bezug auf ein Vorbild: die Kirche St. Georg in Frankfurt an der Oder, die 1926–1928 nach seinen Plänen errichtet wurde und einer der seltenen im expressionistischen Stil errichteten Zentralbauten ist.

Die Kunersdorfer Kirche ist ein schiefergedeckter, überkuppelter Rundbau. An der Südseite befindet sich der mit markanten Schalluken, einem achteckigen Helm, Weltkugel und Kreuz versehene Turm. Breite Lisenen bestimmen im Wechsel mit hoch aufragenden, gerade schließenden Fenstern die Fassade der Kirche. An der Nordseite dient ein kleiner Anbau als Sakristei. Diese ist dreiseitig mit einem klassischen Walmdach überfangen. Das Kirchenportal befindet sich im Turm.

Direkt über der Eingangstür im Inneren erhebt sich eine kleine, segmentbogenartig ausschwingende Empore mit einer Orgel. Gegenüber ist der um eine Stufe erhöht in einer flachen, spitzbogig geöffneten Apsis stehende, schlichte Altar. Links und rechts davor sind Kanzel und Taufe positioniert.

Der helle Innenraum gewinnt seinen eigenen Ausdruck durch die hohe Kuppel, der auf die Mitte zulaufende, schmale weiße Rippen unterlegt sind. Diese setzen jeweils über den auch im Inneren die Fenster rhythmisierenden Lisenen an. Die Decke hat hingegen eine kräftige rostrote Farbe. Im Schlussstein ist ein goldenes Jerusalemer Kreuz auf petrolfarbenem Grund eingesetzt. Es ist ein griechisches Kreuz mit je kleinen Kreuzen in den Quadraten, das sinnbildlich für Christus und die vier Evangelisten oder auch für die fünf Wundmale Christi steht. Das gewohnte Muster heller Deckenflächen mit dunkel abgesetzten Rippen ist hier überzeugend ins Gegenteil verkehrt. Die Kirche selbst erstrahlt in einem pastellenen Grüngelbton; die Lisenen und die Laibungen der Fenster sind weiß abgesetzt.

Die Fenster sind größtenteils in Grisaille ausgeführt. Sie stammen aus dem Weihejahr 1955 und tragen verschiedene Symbole Christi, unter anderem ein Kreuz über Sonne, Mond und Sternen, über einem offenen Grab oder von einer Krone überfangen. Auch die segnende Hand Gottes aus den Wolken, die unter anderem den Bibelvers aus dem Alten Testament „Herr, deine rechte tut große Wunder" (2. Mose 15, Vers 6) symbolisiert, ist dargestellt.

Auffällig ist die Innentür, die 1937 an der Berliner Fachschule für Raumtechnik und Raumgestaltung entstand und für die 700-Jahrfeier der Stadt Berlin im selben Jahr vorgesehen war. Sie schmückte ursprünglich den Vorgängerbau. Auf ihr sind die 15 Wappen der damaligen Berliner Bezirke abgebildet.

Geborgen im Licht: Blick durch das Kirchenrund auf den Altar in der spitzbogigen Apsis

Biblische Pikto-
gramme: Gottes
segnende Hand
aus den Wolken
und die Ewigkeit
des Kreuzes über
den Gestirnen in
den Fenstern der
Kirche

118

In seinen Wanderungen hat Theodor Fontane viele Bauwerke angesprochen. Wir stellen Ihnen hier weitere Denkmale vor, die Sie bei einem Streifzug besuchen können und führen auf, wo sich die Deutsche Stiftung Denkmalschutz engagiert hat. Die roten Nummern beziehen sich auf die Karte im hinteren Buchdeckel. Da sich Öffnungszeiten ändern können, sind auch online-Adressen beigefügt. Viele weitere Förderprojekte finden Sie unter www.denkmalschutz.de/denkmale-erhalten

Ruppiner Land

1 Wusterhausen/Dosse, St. Peter und Paul

Ein ganzes Kapitel widmete Fontane der Architektur und prächtigen Ausstattung von St. Peter und Paul. Bereits Mitte des 13. Jahrhunderts als spätromanische Basilika errichtet, wurde sie später zu einer gotischen Hallenkirche mit Hallenumgangschor erweitert. Ein gedrungener Westquerturm überragt das Kirchenschiff. Nach einem Brand infolge Blitzschlags 1764, erhielt der Turmstumpf ein Notdach, das bis heute blieb.

Die freigelegten mittelalterlichen Malereien im Innenraum bekam Fontane noch nicht zu Gesicht. Zur prächtigen Ausstattung gehören ein Triumphkreuz sowie eine Johannesfigur aus dem 15. Jahrhundert. Eine Renaissance-Empore mit 21 Gemälden im holländischen Stil und die Kanzel stammen aus der Zeit um 1610. Die Wagner-Orgel von 1742 und der Taufstein dagegen sind barock. Unter anderem förderte die DSD 2017 die Restaurierung der Turmportale.

Kirchstraße 2,
16868 Wusterhausen/Dosse
Telefon: 033979 14767
offene Kirche im Sommer
www.kirche-wusterhausen.de

2 Neuruppin, Bürgerhausprogramm

„Erst die Fremde lehrt uns, was wir an der Heimat besitzen." – auch Fontane liebte seine Heimatstadt Neuruppin sehr. Nach einem Stadtbrand 1783 wurde Neuruppin planmäßig neu errichtet, so ist Neuruppin ein bedeutendes Beispiel des frühklassizistischen Städtebaus. Zweimal, 1999 und 2002, legte die Deutsche Stiftung Denkmalschutz zusammen mit der Stadtverwaltung Neuruppin ein Bürgerhausprogramm auf zur Unterstützung der Restaurierung von Haustüren, Fassadenstuckdekor, Außentreppen und Entré-Ausmalungen mit dem Ziel, das historische Stadtbild der Fontanestadt zu erhalten.

3 Neuruppin, St. Marien

Dem Stadtbrand fiel auch der spätgotische Bau der St. Marienkirche zum Opfer. 1801–1804 erfolgte der klassizistische Neubau nach Plänen Philipp Bernhard Bersons und unter Mitarbeit von Carl Ludwig Engels. Es handelt sich um einen querrechteckigen Saalbau, der parallel zur Hauptstraße gelagert ist. Die Längsfassade wird von einem konvex vortretenden, turmartig überkuppelten Mittelbau bestimmt, der in einem hohen Turmaufbau endet. Die Kuppelform dieses Risalits verweist auf den Bautyp der barocken Berliner Kirchen.

Der Saal ist im Inneren mit umlaufenden zweigeschossigen Emporen ausgestattet und in sparsamen klassizistischen Formen dekoriert. In der Mittelachse, direkt gegenüber der Ratsempore, befindet sich ein stattlicher Kanzelaltar mit der Orgel darüber.

Im Rahmen aufwändiger Restaurierungsarbeiten in den 1990er Jahren stellte auch die DSD Fördermittel für die Kuppel der Marienkirche in Neuruppin zur Verfügung. Heute wird die Kirche als kultureller Veranstaltungsort genutzt.

Virchowstraße 41,
16816 Neuruppin
Telefon: 03391 3555300
Mo. – Fr. von 10–17 Uhr
www.kulturkirche-neuruppin.de

4 Neuruppin, St. Trinitatis
(s. S. 10ff.)
Niemöllerplatz, 16816 Neuruppin
Di. – Sa. von 10–16:30; 1. und 3.
So im Monat 12–16:30 Uhr;
Führungen nach Anmeldung
Telefon: 03391 2597
www.kulturkirche-neuruppin.de

Wusterhausen, St. Peter und Paul

Neuruppin, Tempelgarten

5 **Neuruppin, Tempelgarten und Gentz-Villa**

Dass der Tempelgarte den Mußestunden des preußischen Kronprinzen Friedrich – später König Friedrich II. – diente wie später Rheinsberg, erzählt Fontane mit Empathie. Friedrich ließ den Garten 1732 anlegen. Den Entwurf für den zunächst hölzernen Musentempel lieferte Georg Wenzeslaus von Knobelsdorff.

Noch heute steht der Tempel – seit einem Umbau im ausgehenden 18. Jahrhundert in steinerner Ausführung – auf einem künstlich aufgeschütteten Hügel in der Gartenanlage. Die Gentz-Villa im Tempelgarten entstand Mitte des 19. Jahrhunderts, nachdem die Neuruppiner Kaufmannsfamilie Gentz die Gesamtanlage erworben hatte. Ihr Ziel war, den Garten für die Öffentlichkeit wieder her zurichten und dem Andenken König Friedrichs II. zu dienen. Die Deutsche Stiftung Denkmalschutz unterstützte die Restaurierung der orientalisierenden Stuckdecken und -wände im Wintergarten der heute als Restaurant genutzten Villa.

> Präsidentenstraße 64,
> 16816 Neuruppin
> öffentlich frei zugänglich:
> April–Okt. 9–20 Uhr
> Nov.–März 9–17 Uhr
> www.tempelgarten.de

6 **Rheinsberg, Schloss** (s. S. 20ff.)

> Schloss Rheinsberg 2,
> 16831 Rheinsberg
> 1. April–31. Oktober:
> Di.–Sa. 10– 17:30 Uhr;
> 1. Nov.–31.März 10–16 Uhr;
> Stiftung Preußische Schlösser
> und Gärten Berlin-Brandenburg
> Telefon: 0331 96 94-200
> www.spsg.de

7 **Rheinsberg, St. Laurentius** (s. S. 20ff.)

Die DSD beteiligte sich bei der Instandsetzung der Fassade.

> Kirchstraße 1, 16831 Rheinsberg
> Mitte April bis Mitte Okt.:
> Mo.–Sa. 10–12/13–16 Uhr;
> So. 13–16 Uhr; Führungen nach
> Anmeldung: Telefon: 03391 2035
> www.kirche-wittstock-ruppin.de

8 **Lindow, Klosterruine** (s. S. 28ff.)

Mehrfach beteiligte sich die Deutsche Stiftung Denkmalschutz an Arbeiten auf dem Klosterfriedhof.

> Ev. Stift Kloster Lindow
> Kloster 3–7, 16835 Lindow/Mark
> Telefon: 033933 70297
> Außengelände frei zugänglich
> Führungen nach Anmeldung
> www.lindow-mark.de

9 **Lindow, Dorfkirche** (s. S. 28ff.)

> Straße des Friedens 62,
> 16835 Lindow/Mark
> Führungen nach Anmeldung
> Telefon: 033933 70296

10 **Gransee, St. Marien** (s. S. 36ff.)

> Kirchplatz, 16775 Granse
> Telefon: 03306/2676
> geöffnet: 1. Mai bis 31. Okt.
> täglich 11–16 Uhr
> www.kirchengemeinde-
> gransee.de

In Gransee lohnt sich auch ein Blick auf das Luise-Denkmal, das an den Trauerzug erinnert, mit dem der Leichnam der geliebten preußischen Königin vom mecklenburgischen Schloss Hohenzieritz zurück nach Charlottenburg gebracht wurde.

Fontane schreibt dazu: „Das Luise-Denkmal zu Gransee hält das rechte Maß: Es spricht nur für sich und die Stadt und ist rein persönlich in dem Ausdruck seiner Trauer. Und deshalb rührt es."

Meseberg, Dorfkirche

Zernikow, Gutshaus

Zernikow, Dorfkirche

11 Meseberg, Dorfkirche

Die Kirche im Granseeer Ortsteil Meseberg entstand Anfang des 16. Jahrhunderts als rechteckiger Backsteinbau auf einem Feldsteinsockel. Heute ist die Kirche verputzt. Ein durchgreifender Umbau 1772 ergänzte u. a. einen schiffshohen Anbau mit Gruft und darüber liegender Herrschaftsempore. Der quadratische neubarocke Westturm mit Zwiebelhaube wurde erst im Jahre 1892 erbaut.

Das stimmige Innere überfängt eine Putzdecke auf einer Voute. Aus dem Umbau des 18. Jahrhunderts stammen die hölzerne Altarwand von 1772 mit gerundetem Kanzelkorb und Schalldeckel sowie das Gestühl. Ein Votivgemälde und ein Epitaph verweisen auf die Familie von der Gröben, im 16. und 17. Jahrhundert Herren auf Schloss Meseberg, das Fontane „als kostbaren Besitz" des „verblendeten" Major von Kaphengst schildert. Bei der Sanierung der Kirche 2012–2015 unterstützte die Deutsche Stiftung Denkmalschutz im Jahr 2013 u.a. die Dachreparatur.

Meseberger Dorfstraße 35,
16775 Gransee
Telefon: 03306 2676
April–Okt. täglich geöffnet
www.kirchenkreis-oberes-havel-land.de

12 Zernikow, Gutshaus

Das Dorf Zernikow im Norden der Mark Brandenburg gehörte bis ins 17. Jahrhundert zum Rittergut der Ritter von Zernikow. Unmittelbar nach seiner Thronbesteigung schenkte Friedrich II. das Gut Zernikow 1740 seinem Kammerdiener Michael Gabriel Fredersdorff. Er unternahm erhebliche Anstrengungen zur wirtschaftlichen Verbesserung des Gutes und zur Entwicklung des Dorfes. So wurden das Gutshaus und die zahlreichen Wirtschaftsgebäude vermutlich unter Mitwirkung von Georg Wenzeslaus von Knobelsdorff neu errichtet. Ein Park mit Maulbeerbäumen für den Seidenbau, den Fredersdorff einführte, ergänzt die aus Gutshaus, Kirche, Ställen, Ziegelei und Brauerei bestehende Anlage. Auf dem Gutsgelände gibt es heute ein Hotel-Restaurant.

Seit 2007 hat sich die DSD mehrfach für den Erhalt der Anlage eingesetzt. Unter anderem wurde der Hausschwamm bekämpft.

Zernikower Str. 43,
16775 Großwoltersdorf
Telefon: 033082 51288
Besichtigung nach Absprache
www.gut-zernikow.de

13 Zernikow, Dorfkirche

Zernikow besuchte Theodor Fontane nicht nur um der Familiengeschichte der Fredersdorffer nachzugehen, sondern auch wegen der „sehenswerten Kirche", in der die Familie an der Westempore dargestellt ist. Auch die Dorfkirche wurde von Fredersdorff ab 1740 umgebaut.

In den mittelalterlichen Feldsteinbau mit Westturm wurden große Korbbogenfenster eingelassen, denen wir heute den lichtdurchfluteten Innenraum der Kirche zu verdanken haben. Dennoch sind zwei Lanzettfenster im Ostgiebel der Kirche erhalten und erinnern an den mittelalterlichen Ursprung. Das Innere der Kirche zeigt ein in sich stimmiges und verspieltes Konzept im barocken Stil aus Altar, Hufeisenempore und Patronatsloge.

Die Kirche mit Ihrer qualitätvollen Ausstattung konnte dank der Margarethe-Köbler-Stiftung, einer von 240 Treuhandstiftungen unter dem Dach der Deutschen Stiftung Denkmalschutz, umfangreich restauriert werden.

Zernikower Str. 8,
16775 Großwoltersdorf
Telefon: 033082 50341
Führungen und Besichtigungen nach Absprache
www.kirche-zernikow.de

Ribbeck, Dorfkirche   Potsdam-Bornstedt, Friedhof   Potsdam-Bornstedt

14   Ribbeck, Kirche und Schloss

Mit seinem Gedicht setzte Fontane dem freigiebigen Herrn von Ribbeck zu Ribbeck im Havelland ein literarisches Denkmal. Vor dem Gutshaus in Ribbeck steht die Dorfkirche, in deren Schatten noch heute ein „Nachfolger" des berühmten Birnbaums gepflegt wird.

Den Kern der Dorfkirche bildet ein mittelalterlicher Backsteinbau, von dem sich ein heute vermauertes Rundbogenportal und Teile des Feldsteinsockels erhalten haben. Um 1722 wurde die Kirche umgebaut und zumindest um den quadratischen Turm im Westen erweitert. Bei weiteren Umbauten 1886 wurde das Schiff nach Osten verlängert und mit einer neoromanischen Apsis versehen. Auch die Vorbauten nach Norden, Süden und Westen sowie die korbbogige Rahmung der Fenster stammen aus dieser Phase. Nach dem 2. Weltkrieg konnte erst nach der Wende mit grundlegenden Sanierungsarbeiten begonnen werden. Die DSD unterstützte 2000–2003 die Instandsetzung des Daches, Turms und Kirchenschiffs.

Am Birnbaum 2,
14641 Nauen/Ribbeck
Besichtigung nach Absprache
kircheribbeck@yahoo.de
www.kirche-ribbeck.de

HAVELLAND

15   Heilandskirche Sacrow
(s. S. 50ff.)
Fährstraße (zu Fuß durch den Schlosspark), 14469 Potsdam
Telefon: 0331 504375
April–Okt.: Di.–Do. 11–15:30 Uhr;
März–Okt.: Fr.–So. 11–16 Uhr
Nov.–Febr.: Sa–So 11–15:30 Uhr
www.heilandskirchesacrow.de

16   Potsdam-Bornstedt, Friedhof

Der im 18. Jahrhundert angelegte Bornstedter Friedhof in Potsdam ist die Begräbnisstätte zahlreicher Persönlichkeiten des 18., 19. und 20. Jahrhunderts. Er schließt unmittelbar an die Parkanlagen von Sanssouci an und wird aufgrund seiner hohen kunst- und kulturgeschichtlichen Bedeutung stark von Besuchern frequentiert.

Auch Fontane besuchte den Bornstedter Friedhof und hielt seine Eindrücke in seinen Wanderungen fest. Teil der Anlage ist der sogenannte Sello-Friedhof, benannt nach der bedeutenden Potsdamer Gärtnerfamilie und deren Familiengrab. Auf dem Friedhof sind Peter Joseph Lenné, Ferdinand von Armin, Ludwig Persius und weitere an der Entstehung der Potsdamer Kulturlandschaft maßgeblich beteiligte Künstler beigesetzt.

Mit zwischen 1999 und 2014 wiederholt von der Stiftung zur Verfügung gestellten Mitteln wurde die Sanierung einzelner Grabdenkmäler gefördert. 2002 wurde unter dem Dach der Deutschen Stiftung Denkmalschutz eine von über 240 treuhänderischen Stiftungen für den Friedhof errichtet.

Ribbeckstr. 17, 14469 Potsdam
Telefon: 0331 5050974
Täglich öffentlich zugänglich
www.bornstedter-friedhof.de

17   Dorfkirche Caputh (s. S. 58ff.)

Die Arbeiten zur Mauertrockenlegung, an den Schalläden des Glockenturms und an der Gesell-Orgel erhielten finanziellen Unterstützung von der Deutschen Stiftung Denkmalschutz.

Straße der Einheit 1,
14548 Schwielowsee OT Caputh
Tel. 033209 20250
geöffnet: Ostern–Erntedank tägl.
10–18 Uhr, im Winter außer zu Gottesdiensten geschlossen

18   Heilig-Geist-Kirche Werder
(s. S. 66ff.)
Kirchstraße 9, 14542 Werder
Tel. 03327 42691
geöffnet: Ostern–Totensonntag tägl. 10–18 Uhr, im Winter außer zu Gottesdiensten geschlossen
www.kirchewerder.de

Glindow, Ziegelei

Glindow, Ziegelei

Kloster Lehnin, Kornhaus

19 Glindower Ziegeleimuseum

„Was Werder für den Obstkonsum der Hauptstadt ist, das ist Glindow für den Ziegelkonsum." So urteilt Fontane über den Ziegel-Ort Glindow. Seit etwa 500 Jahren werden in Glindow Ziegel gebrannt, was unmittelbar mit der Entstehung des Klosters Lehnin zusammenhängt. Seit Mitte des 19. Jahrhunderts wurde die Herstellung von Ziegeln auf dem Gelände der Glindower Ziegelei industrialisiert: Dazu wurden ab 1868 sogenannte Hoffmannsche Ringöfen gebaut.

Eine dieser großen Ringofenanlagen besteht und funktioniert bis heute als technisches Denkmal – der letzte Ziegelofen nach Hoffmann-Patent in ganz Deutschland. Der Ofen brennt handgestrichene Ziegel und andere Sonderanfertigungen für Restaurierungsmaßnahmen an historischen Backsteinbauten unter dem Motto „Ein Denkmal produziert für Denkmale". Mit 2003 und 2015 von der Stiftung zur Verfügung gestellten Mitteln wurde die Instandsetzung des letzten funktionstüchtigen historischen Ringofens unterstützt.

Alpenstraße 47, 14542 Werder
Telefon: 03327 669395
März bis Okt.: Sa., So. 10–16 Uhr, für Gruppen nach Vereinbarung
www.ziegeleimuseum-glindow.de

20 Paretz, Dorfkirche (s. S. 74ff.)

Die Deutsche Stiftung Denkmalschutz beteiligte sich u.a. an der Wiederherstellung der Deckenfresken von David Gilly und betreut eine Treuhandstiftung für den langfristigen Erhalt der Dorfkirche.

Parkring 7, 14669 Ketzin
tägl. nach Anfrage
Tel. 033233 80427

21 Schloss Paretz (s. S. 74ff.)
Parkring 1, 14669 Ketzin
April–Okt.: Di.–So. 10–17:30 Uhr
Nov.–März: Di.–So. 10–16 Uhr
Stiftung Preußische Schlösser und Gärten 60,873
Telefon: 0331 96 94-200
www.spsg.de

22 Lehnin, Kloster

Kloster Lehnin, heute Teil der gleichnamigen Gemeinde, war eine Zisterzienserabtei. 1180 gegründet und im Zuge der Reformation 1542 säkularisiert, beherbergt es seit 1911 das Luise-Henrietten-Stift. Während des dreißigjährigen Krieges wurde die Klosterkirche stark verwüstet. Fontane besuchte die Klosterruine 1863 und widmet ihr mehrere Kapitel in seinen Wanderungen. Der Kirchenbau zählt zu den wichtigen romanisch-gotischen Backsteinbauten in Brandenburg, seine Rekonstruktion 1871–77 steht als frühes Beispiel am Beginn der modernen Denkmalpflege.

Einer der eindrucksvollen Bauten im ehemaligen Klosterbereich ist der im 14. Jahrhundert errichtete Kornspeicher. Er zeugt von der Finanzkraft des Klosters, das im 15. Jahrhundert Kredite an Städte wie Erfurt und Lüneburg geben konnte. 2013 stellte die Stiftung Mittel für die Instandsetzung des Daches des Kornspeichers zur Verfügung.

Klosterkirchplatz 12A,
14797 Kloster Lehnin
Telefon: 03382 704151
April bis Okt.: Mo.–Fr. 10–16 Uhr,
Sa. 10–17 Uhr, So. 13–17 Uhr;
Nov. bis März: Mo.–Sa. 10–15 Uhr, So. 13–16 Uhr
www.klosterkirche-lehnin.de

Prenden, Dorfkirche

Bad Freienwalde, Schloss

ODERBRUCH

23 Prenden, Dorfkirche

Auf dem Weg von Berlin Richtung Eberswalde und den Oderbruch liegt die Fachwerkkirche. Ich „sah, über die Kronen der unten stehenden Bäume hinweg, in das Dorf Prenden hinein. Ich werde dieses Anblicks nicht leicht vergessen." „Malerisch" hatte der Kirchturm Fontane begrüßt. Doch leider wurden seine Erwartungen mit einem Blick in die Kirche enttäuscht. Denn bei Fontanes Besuch in Prenden war die Kirche in einem ruinösen Zustand. „Ich habe selten einen freudloseren Platz betreten. [...] Das Innere kahl, der Kirchhof verödet. [...] Und so hatte ich denn Einblick in eine Kirche getan, deren gesamter Kunstschmuck ein zerbrochener Rest eines Altarschnitzwerks und dessen historisches Glanzstück, außer den zwei Glocken, eine vereinzelte Kriegsdenkmünze vom Jahr 1811 war." schreibt Fontane. Heute erstrahlt die Dorfkirche zum Glück wieder in neuem alten Glanz. 1999 konnte die Deutsche Stiftung Denkmalschutz die Grundsicherung der im 17. Jahrhundert erbaute Dorfkirche unterstützen, indem das Fundament und der Feldsteinsockel gefestigt wurden. Zudem wurde der Turm, der aus dem Jahre 1708 stammt,

von Schädlingen befreit und wiederinstandgesetzt. Heute beherbergt die Kirche ein Heimatmuseum, das mit Sicherheit einige Überraschungen bereithält.

Prendener Dorfstraße 38,
16348 Wandlitz
Telefon: 033396 87288
Besichtigung der Dorfkirche und des Heimatmuseums nach telefonischer Anmeldung
www.prenden1611.d

24 Bad Freienwalde, Stadtkirche St. Nikolai (s. S. 88ff.)

Amtstraße 4
16259 Bad Freienwalde
Telefon: 03344 3611
Mai–Sept.: Sa. 10–15 Uhr,
So. 13–16 Uhr
.

25 Bad Freienwalde, Schloss

Der für Königin Friederike Luise von Preußen, (Gemahlin Friedrich Wilhelm II.) 1798/99 errichtet Witwensitz im bedeutendsten Kurbad der Mark Brandenburg ist ein zweigeschossiger villenähnlicher Bau mit einer frühklassizistischen Pilastergliederung, ähnlich wie Schloss Paretz ein Kleinod preußischer Landbaukunst des Architekten David Gilly. Zum Schlossensemble gehören ein Teehäuschen und ein Gärtnerhaus, beide um 1800 er-

richtet. Der Park wurde 1820 durch Peter Josef Lenné umgestaltet. Der Wirtschaftsmagnat (Allgemeine Elektricitäts-Gesellschaft/AEG) und Politiker Walther Rathenau erwarb die Anlage 1909 aus dem Kronbesitz und ließ sie als Refugium für seine musischen Interessen umfassend renovieren.

Die Erben des 1922 ermordeten Außenministers der Weimarer Republik, Walther Rathenau, überließen Schloss Freienwalde 1926 dem Landkreis. Damit verbunden war die Auflage, hier das Andenken an den Politiker durch die Erhaltung und museale Nutzung des Hauses zu pflegen. In der Zeit des Nationalsozialismus wurden jedoch alle Erinnerungen an den Deutsch-Juden Rathenau getilgt. Erst seit 1991 gibt es im Schloss wieder eine Rathenau-Gedenkstätte.

Die Deutsche Stiftung Denkmalschutz hat 1994 die Dachsanierung des Gärtnerhauses gefördert sowie 2002 dessen komplette Innen- und Außeninstandsetzung.

Rathenaustraße 3,
16259 Bad Freienwalde
Telefon: 03344 3407
Mi.–So. 11–16 Uhr
www.schloss-freienwalde.de
rathenau-schloss@t-online.de

Kloster Altfriedland

26 Kunersdorf Dorfkirche
(s. S. 96ff.)
Dorfstraße 1,
15320 Neutrebbin/Kunersdorf
Besichtigung auch ohne Absprache (Schlüssel bei Neudorf 24)
www.kirche-oderland-spree.de

27 Altfriedland, Kloster
Friedland zählt zu den acht bran-
denburgischen Zisterzienser-Nonnen-
klöstern, die im 13. Jahrhundert gegründet wurden. Es entwickelte sich
bald zu einer wirtschaftlich sehr starken Niederlassung. Die der Muttergot-
tes geweihten Klosterkirche ist ein im
18. Jahrhundert stark veränderter
frühgotischer Granitquaderbau.
Von den mittelalterlichen Gebäuden
stehen lediglich noch das Erdgeschoss
des einst doppelgeschossigen Refek-
toriums und das Langhaus der Kirche.
Das Refektorium stammt aus der 2.
Hälfte des 15. Jahrhunderts. Sein goti-
sches Sterngewölbe ist von außeror-
dentlicher Qualität. Nach Auflösung
des Klosters 1546 verfiel die Anlage
unter häufig wechselnden Eigentü-
mern, bis man sie 1743 reaktivierte.
Fontane fand im 19. Jahrhundert wieder eine Ruine vor. Er erzählt sehr ausführlich von den adeligen, ehrwürdi-
gen Damen und aus der Geschichte
des Klosters und vergleicht: „Lindow

ist schöner gelegen, vielleicht auch
malerischer in sich selbst, aber Kloster Friedland ist besser erhalten, und
die Umfassungsmauer, das Haus des
Propstes, ein Stück Kreuzgang, vor allem das Refektorium zeigen sich teilweise noch in gutem Zustand."
Nach 1980 erhielt die Kirche ein Notdach. In den 1990er Jahren beteiligte
sich die DSD an den Sicherungs- und
Instandsetzungsarbeiten, um eine kulturelle Nutzung zu ermöglichen.

> Fischerstraße,
> 15320 Neuhardenberg
> Tel.: 0172 8884006
> Tel.: 030 6917566
> Die Ruinen sind frei zugänglich.
> Kirche: tägl. 14:30–15 Uhr und
> nach Vereinbarung
> www.kultur-altfriedland.de

28 Buckow Brecht-Weigel-Haus
(s. S. 96ff.)
Bertolt-Brecht-Straße 30,
15377 Buckow
Telefon: 033433 467
April–Okt.: Mi –Fr. 13–17 Uhr,
Sa. u. So. 13–18 Uhr,
Nov.–März: Mi.–Fr. 10–12 und
13–16, Sa. u. So. 11–16 Uhr
www.brechtweigelhaus.de

29 Buckow, Dorfkirche
(s. S. 96ff.)
Königsstraße 57,
15377 Buckow
Telefon: 033433 427
www.kirche-buckow.de

30 Neuhardenberg Dorfkirche
(s. S. 102ff.)
Die Deutsche Stiftung Denkmalschutz beteiligt sich seit 2000 an verschiedenen Restaurierungsmaßnahmen an der Schinkel-Kirche. Neben
Putzarbeiten am Turm und der Instandsetzung des Daches förderte sie
auch die Restaurierung im Innenraum.

> Karl-Marx-Allee 27,
> 15320 Neuhardenberg
> Telefon: 033476 50296
> Mai–Okt.: Do.–So. 12:30–15:30,
> Besichtigung und Führungen
> außerhalb der Öffnungszeiten
> nach Absprache.
> www.schinkel-kirche.de

31 Neuhardenberg Schloss
(s. S. 102ff.)
Schinkelplatz,
15320 Neuhardenberg
Telefon: 033476 6000
März–Okt: So. 13–18 Uhr,
Schlosspark ganzjährig
www.schlossneuhardenberg.de

Gusow, Dorfkirche

Schloss Steinhöfel, Pavillon im Park

32 Neuhardenberg-Bärwinkel, Verwalter- und Molkenhaus

Das ehemalige Verwalter- und Molkenhaus auf dem Vorwerk Bärwinkel bei Neuhardenberg im Oderbruch ist ein Frühwerk von Carl Friedrich Schinkel, errichtet 1802/03. Schinkel „bewies sich hier im Kleinen, wie er sich später in Großen bewies." – um es mit Fontanes Worten auszudrücken. Denn das Molkenhaus, welches eigentlich die Direktion und Überwachung der Produktion beherbergte, erhielt von Schinkel die Gestalt einer frühchristlichen Basilika. Es ist vermutlich eines der ersten neoromanischen Bauwerke auf dem europäischen Festland. Zu ebener Erde enthielt das Gebäude Wohnung und Büro des Verwalters (nördliches Seitenschiff) sowie die Käserei (eingebauter massiver fensterloser Kühlraum im südlichen Seitenschiff). Im oberen Stockwerk gab es einen Saal für die Gutsherrschaft und ihre Gäste. Heute kann man hier eine Ausstellung über den jungen Carl Friedrich Schinkel besichtigen. Die DSD konnte 2012 bei der Instandsetzung der Stallgebäude helfen.

Bärwinkel 19,
15320 Neuhardenberg
Telefon: 030 44358126
Fr. 15–18, Sa. u. So. 11 –18 Uhr
www.foerderverein-baerwinkel.de

33 Gusow, Dorfkirche

„Alles in Gusow, oder doch alles Beste was es hat, erinnert an den alten Derfflinger: Schloß, Park, Kirche." schreibt Fontane zu Gusow und beschreibt das Grabgewölbe des Feldmarschalls eingehend. Die im Kern spätgotische Backsteinkirche wurde unter der Herrschaft Georg von Derfflingers (1606–1695) in der 2. Hälfte des 17. Jahrhunderts um einen Turm und das barocke Langhaus erweitert. Im Zweiten Weltkrieg wurden der Turm gesprengt und das Langhaus stark beschädigt. Bis in die 1990er Jahre verfiel die Ruine zunehmend. Die Deutsche Stiftung Denkmalschutz beteiligte sich 2001 an der Sicherung des Kirchenschiffs, der Wiederherstellung des Kirchendaches in historischer Form als Biberschwanzdoppeldeckung sowie der Restaurierung des Taufengels.

Karl-Liebknecht-Platz,
15306 Gusow-Platkow
Telefon: 033476 843800
Besichtigung nach Vereinbarung

34 Steinhöfel, Schloss

„Steinhöfel ist ein schönes und reizend gelegenes Gut." schrieb Fontane über das Ensemble von Schloss, Park und Kirche in Steinhöfel. Seit den 1790er Jahren ließ die Familie von Massow eine einheitliche Gesamtanlage, bestehend aus Schloss, Park und Kirche auf vorhandenen Gebäuderesten errichten. Das Ensemble gehört zu den bemerkenswerten Beispielen der frühklassizistischen Architektur in Preußen und wurde von David Gilly entworfen.

Im 19. Jahrhundert erfolgte eine barockisierende Umgestaltung. Mehrere Um- und Anbauten im Verlauf des 19. Jahrhunderts veränderten das Schloss im Sinne der Romantik und des Historismus.

Der Park, von dem Fontane als „einen der schönsten der Provinz" schwärmt, ist einer der frühesten Landschaftsparks in der Mark. Er entstand unter dem Einfluss von Johann August Eyserbeck dem Jüngeren.

Die Deutsche Stiftung Denkmalschutz engagierte sich für die Gesamtinstandsetzung des Anwesens. Seit 2002 wird das Schloss als Hotel genutzt.

Schloßweg 4, 15518 Steinhöfel
Telefon: 033636 2770
Mo.– Mi. variable Öffnungszeiten
Do.– So. 12–20 Uhr
www.schloss-steinhoefel.de

[eb] [tha]

Die Autoren
Dank und Literatur

Johann Hinrich Claussen

wurde 1964 in Hamburg geboren. Er studierte evangelische Theologie in Hamburg, Tübingen und London, ist Pastor, Autor und Publizist sowie Kulturbeauftragter des Rates der Evangelischen Kirche in Deutschland (EKD). Er habilitierte über das Thema „Glück und Gegenglück", ist regelmäßiger Autor der Frankfurter Allgemeinen, der Süddeutschen Zeitung und des SPIEGEL und wurde unter anderem durch Publikationen wie „Gottes Häuser oder die Kunst, Kirchen zu bauen und zu verstehen" (2012) und „Gottes Klänge: Eine Geschichte der Kirchenmusik" (2014) bekannt. Ebenfalls bei C.H.BECK erschien 2018 „Das Buch der Flucht – Die Bibel in vierzig Stationen" sowie „Ernst Troeltsch - Die Fehlgeburt einer Republik: Spektator in Berlin 1918-1922" (Die Andere Bibliothek, Band 109).

Klaus-Martin Bresgott

wurde 1967 in Greifswald geboren. Er studierte Germanistik und Kunstgeschichte, parallel Chorleitung und war viele Jahre als Ensemblesänger unter anderem unter René Jacobs, Marcus Creed und Fabio Luisi sowie in der Regie von Barrie Kosky, Luc Perceval und Sasha Waltz weltweit unterwegs. Er hat mehrere Chorbücher herausgegeben, international erfolgreiche CD-Produktionen mit Chormusik dirigiert und erhielt 2008 für die Gesamtaufnahme der Geistlichen Chormusik Hugo Distlers den »Preis der Deutschen Schallplattenkritik«, 2019 den »Choc de Classica« für eine Aufnahme der Cantiones Sacrae Samuel Scheidts. Neben Arbeiten zur christlichen Ikonografie erschien 2019 von ihm »Neue sakrale Räume – 100 Kirchen der klassischen Moderne« (Parkbooks Zürich).

Dank

Die Mark Brandenburg ist ein gastfreundlicher Landstrich. Auf unseren Streifzügen fanden wir an jeder Station engagierte, kenntnisreiche und auskunftsfreudige Gesprächspartner vor. Ihnen war anzumerken, dass es für sie eine Lebensaufgabe und Lebensfreude geworden ist, ihre Kirchen, Schlösser und Museen zu erhalten, mit Leben zu füllen und Gästen zu erschließen. Sie stehen stellvertretend für all die vielen Menschen, die ihre Heimat dadurch bewahren, dass sie sie mit anderen teilen.

Diese Menschen haben uns ihre Kirchen geöffnet, uns Anteil an deren Geschichte und Gegenwart gegeben: Gemeindepädagoge Thomas Klemm-Wollny in Neuruppin; Thomas Theloke in Rheinsberg; Sigrid Busse in Lindow; Christa Kleindieck und Pfarrer Christian Guth in Gransee; Rainer Hans Drozd und Anna Maria Reinhold in Sacrow; Gisela und Hans-Joachim Müller sowie Pfarrer Thomas Thieme in Caputh; Jutta Enke in Werder; Matthias Marr in Paretz; Heiko Walther-Kämpfe sowie Helga Baumgärtner, Christina Grimminger und Jürgen Weber in Bad Freienwalde; Pfarrerin Anika Grünwald in Buckow; Silke Galle und Uwe Rosenberg in Neuhardenberg; Erdmute Rudolf und Pfarrer Arno Leye in Kunersdorf. Steffen Schulz, seiner Zeit Lindow, stellte wichtiges Erinnerungsmaterial zur Verfügung. Vielen Dank!

LITERATUR

Ars Sacrow e.V. (Hrsg.): Die Sacrower Heilandskirche, Potsdam 2014.

Badstübner-Gröger, Sibylle: Die Schinkel-Kirche in Neuhardenberg, München 2009.

Bresgott, Klaus-Martin: Sehen lernen. Bilder und Symbole in der Welt der Kirche. Berlin, 2016

Drehsen, Volker: Pfarrersfiguren als Gesinnungsfigurationen. Zur Bedeutung des Pfarrers in Theodor Fontanes Romanen, in: Der ‚ganze Mensch'. Perspektiven lebensgeschichtlicher Individualität, Festschrift für Dietrich Rössler, Berlin/New York 1997.

Fontane, Emilie und Theodor: Die Zuneigung ist etwas Rätselhaftes. Eine Ehe in Briefen, hg. von Gotthard Erler, Berlin 2018.

Fontane, Theodor: Wanderungen durch die Mark Brandenburg, hg. von Helmuth Nürnberger, München 1991.

Friedrich, Verena: Neuruppin St. Trinitatis. Ehem. Dominikaner-Klosterkirche, Passau 2008.

Grawe, Christian; Nürnberger, Hellmut (Hrsg.): Fontane-Handbuch, Regensburg 2000.

Keisch, Claude; Schuster, Klaus-Peter; Wullen, Morritz (Hrsg.): Fontane und die bildende Kunst. Berlin 1998.

Kitschke, Andreas: Die Heilig-Geist-Kirche zu Werder (Havel), Passau 2008.

Marr, Matthias: Die Dorfkirche von Paretz, München 2009.

Müller, Giesla (Hrsg.): 20 Jahre Handglockenchor Caputh, Caputh 2009.

Orth, Wolf-Dieter: St. Laurentius in Rheinsberg. Die Erkundung einer einzigartigen evangelischen Stadtpfarrkirche in Brandenburg, Rheinsberg 2016.

Pfeil, Ulrich: Rheinsberg. St. Laurentius, Passau 1994.

Rudolf, Erdmute und Koch, Kathrin: Die Kunersdorfer Kirche. Eine Geschichte über Jahrhunderte (über die Kirchengemeinde zu beziehen).

Vinken, Gerhard; Rimpel, Barbara (Bearb.): Dehio-Handbuch: Brandenburg, Berlin 2012.

Wollmann-Fiedler, Christel und Feustel, Jan: Fontanes Lieblingskirchen in der Mark, Berlin 2003.

Impressum
© Deutsche Stiftung
Denkmalschutz (Hrsg.)
1. Auflage 2019
Monumente-Publikationen
Schlegelstraße 1
53113 Bonn
Tel. 0228 9091-300
www.denkmalschutz.de
www.monumente-shop.de
E-Mail: shop@monumente.de

Die Deutsche Nationalbibliothek
verzeichnet dieses Buch in
der Deutschen Nationalbiografie.
Detaillierte bibliografische
Informationen über diese
Publikation sind abrufbar unter
http://dnb.d-nb.de.

ISBN: 978-3-86795-153-1

DEUTSCHE STIFTUNG DENKMALSCHUTZ

Wir bauen auf Kultur.

Die Deutsche Stiftung Denkmalschutz
ist die größte private Initiative für
Denkmalpflege in Deutschland. Sie
setzt sich seit 1985 kreativ, fachlich
fundiert und unabhängig für den
Erhalt bedrohter Baudenkmale ein.
Ihr ganzheitlicher Ansatz ist einzig-
artig und reicht von der Notfall-
Rettung gefährdeter Denkmale, päda-
gogischen Schul- und Jugendprogram-
men bis hin zur bundesweiten Aktion
„Tag des offenen Denkmals"®. Rund
400 Projekte fördert die Stiftung
jährlich, vor allem dank der aktiven
Mithilfe und Spenden von über
200.000 Förderern. Insgesamt konnte
die Deutsche Stiftung Denkmalschutz
bereits über 5.500 Denkmale mit
mehr als einer halben Milliarde Euro
in ganz Deutschland unterstützen.
Doch immer noch sind zahlreiche
einzigartige Baudenkmale in Deutschland akut bedroht.

Wir bauen auf Kultur –
machen Sie mit!

Mehr Information auf
www.denkmalschutz.de

Spendenkonto
IBAN: DE71 500 400 500 400 500 400
BIC: COBA DEFF XXX

© Texte, Redaktion
Klaus-Martin Bresgott,
Johann Hinrich Claussen

Förderprojekte
Ellen Bekker [eb]

Gesamtorganisation
Gerlinde Thalheim [gt]

© Fotografie
Titelmotiv:
picture alliance/Paul Zinken/dpa
Andreas Schoelzel (Umschlagrückseite,
7, 10–19, 22–27,31, 34–57, 60–65, 67–
81, 88–95, 98–117,126)
Claus Boeckh (2, 8–9,20,21, 28–30, 33,
58, 66--67, 86–87, 120li)
bpk (82–83 bpk/Staatliche Kunstsamm-
lungen Dresden), (84 bpk/Museum Georg Schäfer Schweinfurt)
adobe-i-Stock/fotograf cornu (96)
Förderprojekte:
Roland Rossner/DSD (119li,120mi,
120re); Marie-Luise Preiss/DSD (121li,
121mi, 121re, 122li, 122mi, 125re);
Wikipedia, Membeth-eigenes Werk,
CC01.0 (122re); Heike Jestram/Berlin
(123li, 123mi, 123re); BASD-Gerhard
Schlotter-Architekten, Berlin(125li)

Landkarte Umschlaginnenseite:
art-studio Hartmut Manitzke,
Rhauderfehn

Gestaltung Grundlayout und Einband
Elmar Lixenfeld, www.duodez.de

Satz, Bildbearbeitung
Simone Crump, Druckerei Eberwein
OHG

Druck/Bindung
GGP Media GmbH, Pößneck

Titelmotiv
Fontanedenkmal Neuruppin

Rückseitenmotiv
Dorfkirche Paretz

Frontispiz
Klosterruine Stift Lindow

NORDSEE
OSTSEE
Schleswig-Holstein
Mecklenburg-Vorpommern
Hamburg
Bremen
Nieder-sachsen
Branden-burg
Berlin
Sachsen-Anhalt
Nordrhein-Westfalen
Hessen
Thüringen
Sachsen
Rheinland-pfalz
Saarland
Bayern
Baden-Württemberg

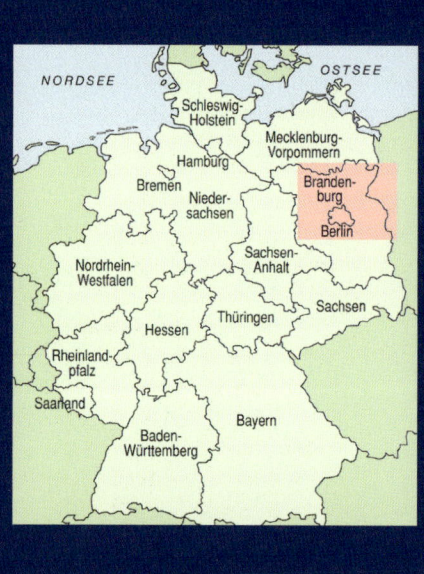

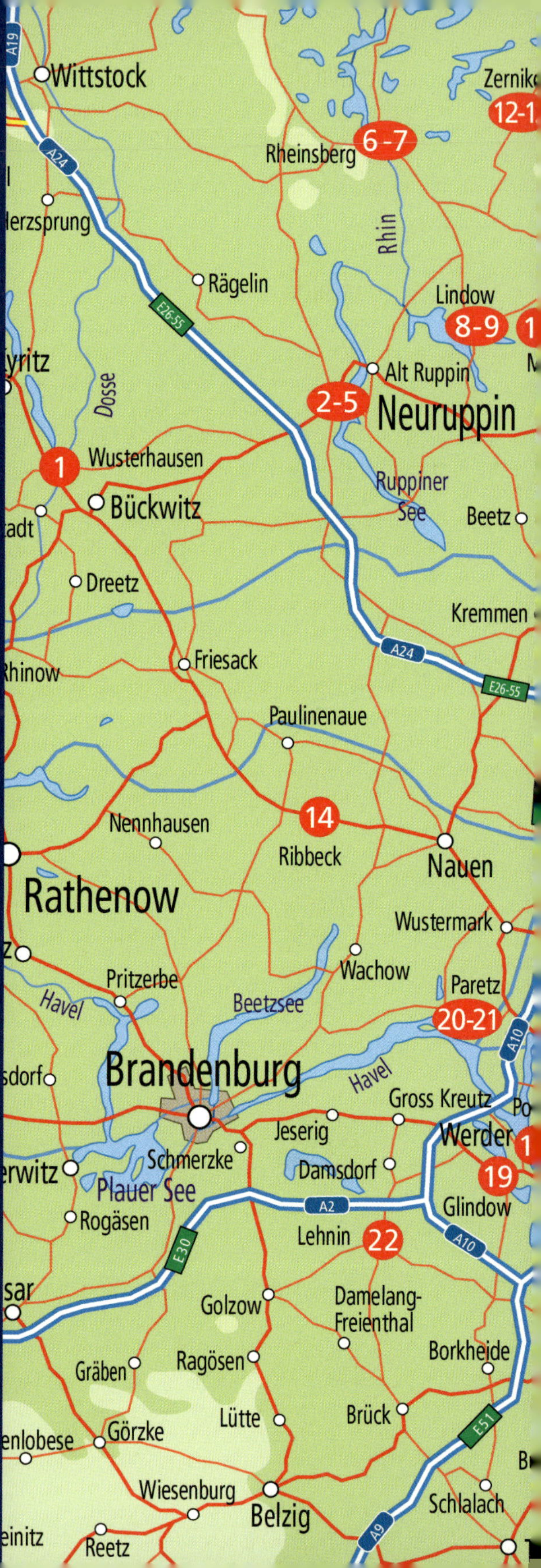
A19
Wittstock
A24
Rheinsberg
6-7
Herzsprung
Rhin
Rägelin
E26-55
Lindow
8-9
Alt Ruppin
Dosse
2-5
Neuruppin
1
Wusterhausen
Bückwitz
Ruppiner See
Beetz
Dreetz
Kremmen
Friesack
A24
E26-55
Paulinenaue
Nennhausen
14
Ribbeck
Nauen
Rathenow
Wustermark
Wachow
Pritzerbe
Paretz
Havel
Beetzsee
20-21
A10
Brandenburg
Havel
Gross Kreutz
Jeserig
Werder
Schmerzke
Damsdorf
19
Plauer See
Rogäsen
A2
Glindow
Lehnin
22
E30
A10
Golzow
Damelang-Freienthal
Gräben
Ragösen
Borkheide
Görzke
Lütte
Brück
E51
Wiesenburg
Belzig
Schlalach
A9
Reetz